Introducing PuzzleWhiz: Your Weekly Brain Boost!

Are you ready to supercharge your brain, sharpen your mind, and have a blast doing it? Welcome to **PuzzleWhiz**, your ultimate companion for weekly mental challenges that are as fun as they are brain-boosting! Designed to keep your mind sharp and entertained, PuzzleWhiz is the perfect way to unwind while giving your cognitive skills a serious workout.

Why Choose PuzzleWhiz?

- **Fresh Challenges Every Week:** Each issue of PuzzleWhiz Word Search is packed with a new set of thrilling puzzles, No two weeks are the same, keeping you on your toes with fresh challenges designed to engage and excite.

- **Scientifically Proven Brain Benefits:** Did you know that solving puzzles regularly can improve memory, enhance problem-solving skills, and even boost IQ? PuzzleWhiz offers a fun and engaging way to keep your brain active, with puzzles that are scientifically proven to benefit mental health.

- **Perfect for All Ages:** Whether you're 8 or 80, PuzzleWhiz is designed to challenge and delight every puzzle enthusiast. It's the perfect way to spend quality time with family or enjoy some well-deserved "me time."

- **Stay Ahead with Monthly and Yearly Subscriptions:** Don't miss a single issue! Subscribe monthly and get 4 exciting issues delivered straight to your door—or go all-in with our **Yearly Bundle** of 52 issues, including a special edition that you can't find anywhere else!

- **Exclusive Special Editions:** Our annual subscribers receive a **Special Edition** packed with bonus puzzles, expert tips, and exclusive content that takes your puzzle-solving skills to the next level. This edition alone is worth the price of admission!

Your Subscription Options:

1. **Weekly Thrills:** Grab your PuzzleWhiz every week and enjoy fresh, exciting puzzles that will keep your brain buzzing.

2. **Monthly Bundle of 4:** Save more and stay ahead of the game! Get a bundle of 4 issues delivered each month, ensuring you never miss a week of mental fun.

3. **Yearly Subscription with Special Edition:** The ultimate package for puzzle enthusiasts! Get 52 weeks of PuzzleWhiz plus a collectible special edition that celebrates the very best of brain challenges with exclusive puzzles, brain-boosting tips, and more.

Don't Just Play—Train Your Brain with PuzzleWhiz!

With PuzzleWhiz, every week is a new opportunity to challenge your mind, improve your cognitive skills, and have a blast doing it. Our puzzles aren't just games—they're brain workouts designed to keep you sharp, focused, and ready for anything life throws your way.

Why PuzzleWhiz and What does it offer?

PuzzleWhiz isn't just another puzzle book—it's your gateway to a world of endless mental challenges, creativity, and fun. Whether you're a seasoned puzzle solver or just looking for a way to keep your mind sharp, PuzzleWhiz is crafted to be the perfect companion for everyone.

Here's why PuzzleWhiz is the best choice: Puzzles are more than just a pastime; they are powerful tools that challenge and stimulate the human mind. From word games to number challenges, puzzles engage cognitive functions, enhance problem-solving skills, and boost mental agility. Research shows that engaging in puzzles can improve brain function, memory, and even delay cognitive decline, making them invaluable for people of all ages. Below, we explore a variety of puzzles and their specific benefits to the human mind and life.

Word Search

A word search is a puzzle that requires players to find hidden words in a grid of letters. Words can appear horizontally, vertically, or diagonally.

Word searches are simple, yet addictive. There's nothing quite like the thrill of spotting a tricky word hidden in plain sight! From quick 5-minute puzzles to deeper, more challenging hunts, this book will take you on a journey through themed words you'll love. Grab your favorite pen or pencil—let's get started!

Importance: Word searches improve pattern recognition, vocabulary, and spelling skills. They also enhance visual scanning and focus, which are critical skills in everyday tasks. Studies have shown that word search puzzles activate the brain's language and memory areas, contributing to cognitive resilience (Smith, 2020).

Tips to Tackle Word Search Puzzles Like a Pro

Here are some tried-and-true tips to help you master these puzzles:

1. **Give the Grid a Quick Look:** Skim the puzzle first to see if any words jump out right away. It's a good way to get the momentum going.

2. **Start with Unique Letters:** Words with unusual letters—like X, Z, or Q—are easier to spot. Zero in on those first.

3. **Think in All Directions:** Words can run vertically, horizontally, diagonally, or even backward. Stay flexible!

4. **Mark as You Go:** Cross out words once you find them—it keeps things neat and avoids confusion.

5. **Use the Word List for Hints:** If you're stuck, go back to the word list to break it down. Look for starting letters or clusters.

6. **Take Breaks if Needed:** Don't get frustrated, sometimes stepping away and coming back with fresh eyes makes all the difference.

7. **Watch for Overlaps:** Keep an eye out, some puzzles are sneaky with words sharing letters!

Why Word Search Puzzles Are Amazing for You

Solving word searches isn't just fun, it's actually great for your brain and well-being!

- **Builds a Better Vocabulary:** You'll learn new words and strengthen your spelling without even realizing it.

- **Improves Focus and Attention:** Word searches train your brain to focus, ignore distractions, and stay on task.

- **Strengthens Pattern Recognition:** Spotting patterns in puzzles carries over to real-life problem-solving skills.

- **Relieves Stress:** There's something incredibly relaxing about getting lost in a good puzzle—it's like meditation!

- **Keeps Your Brain Sharp:** Word searches keep your mind active and may help prevent memory loss over time.

- **Encourages Quick Thinking:** The more puzzles you do, the faster your brain gets at finding solutions.

- **Brings People Together:** Whether you're competing or collaborating, solving puzzles with others makes for great bonding moments.

This book isn't just about finding words—it's about finding joy, challenge, and a sense of accomplishment. Each puzzle offers a mini-adventure, and with every word you find, you're training your brain to think sharper and faster. So what are you waiting for? Dive in, enjoy the hunt, and watch those words come alive!

Happy puzzling!

Subscribe today and become part of the PuzzleWhiz community! Weekly excitement, monthly bundles, and yearly specials await. Don't miss out—your brain will thank you!

References
- Smith, A. (2020). The Impact of Word Search Puzzles on Cognitive Function. *Memory and Language Journal*

SUBSCRIBE

PUZZLEWHIZ

Name:

____

Address:

____

____

Postcode: __________   Phone: ________________

Email: ________________

Subscription

Weekly ☐   Monthly ☐   Yearly ☐

Please fill the form and send it by email to:
PuzzleWhizPub@gmail.com

Payment Information will be sent to your email and phone.

Puzzle # 1

```
E D C P X S E S T A T U E I I P D H A J Q H G
P O N A Q U D V V E R M V Z Y F I R T E P M J
P W S A O V J N H M J Y V L A S S Y B A Y K O
W N G O S A A Z L C U L B H U S B S M I C U S
E V N U Y M A G I S T E R C H A S T I S E S H
C Q I G E N I E R Y S E K H I D E Y U Z M X N
B D D U B T O K R M E N V Q W S M S S T C H S
J L N C G O A T M H R E W W N Y E K S X U E R
I Q U W N E C S T V A M Z W Y R R S E R Y R F
L I O U O K P A L A P O E S S A G U L N B U Z
Q Y R F M G R E M R H C X U F N E F H U R T P
A G R U A W G J Z M S E M X B I N N T C C P U
M L U P D Z Q V I I L B D D B G C A U R R A O
F O S B I L F C A N T E A L K A E M R J V C V
O O B O C K D E J T A H N U P M K L N L Y T P
R M L D E H C T I W E B N N L I L W L B I U B
F Y N G A E T A N I D R O B U S N I M O B N Q
O N E F T R R U M B L I N G Q T S M E D U S A
```

IMAGINARY	PETRIFY	RUMBLING
ABYSSAL	SURROUNDINGS	TUNNEL
SERAPH	BECOME	CAPTURE
EMERGENCE	STATUE	CHASTISE
MEDUSA	VARMINT	GLOOMY
GOAT	NOMADIC	WRATH
MAGISTER	SAND	INSUBORDINATE
GENIE	RUTHLESS	BEWITCHED

```
G N I T A N I C S A F N O F O N Q X R K I D Q
S Z B W P Y U W C G I K O Y F Z J K T D A J E
G H L S U F N I T M C F N I O I Q P Q R O E L
L V Q L N R D N P G E Q K I L H E Q G U O E C
N W N D O A E G L W N M G O T J L R R N Q V T
U U O Y O T R S M N C N Q B B J X N C L W W E
B L K B U B C A M P L D A E P J E J Y E X F U
D O U O N F R N V M O S G T O Y A L C H E M Y
A O I A M E O D Y O S J M A O V R X I A M V R
H P R N J A F F F T E C P R E S P I O N A G E
P L L G Y S T L P S D I Y E T R A G I C A D V
W R A M A T Z A E Q C E N C L O S U R E U O H
A I X U Q I Y M X S F R E S U R R E C T I O N
E H E W I N X E T T Y S M I H W D A G G E R L
B W R L X G F S W O Q T N V D M J Q H M X G L
O H P N M H Q L T N V Y Y E O C T P Y M F F O
E G L U V I D R Q E G J R E P G X S H P W J L
V N F D G T R U O M A L G D T E R A B Y T E V
```

WHIMSY	DIVULGE	TOLL
ALCHEMY	DAGGER	TROVE
WINGSANDFLAMES	JOURNEY	STOMP
FASCINATING	EVISCERATE	LION
GLAMOUR	FEASTING	TRAGIC
ESPIONAGE	RESURRECTION	WHIRLPOOL
UNDERCROFT	ENCLOSED	TERABYTE
STONE	FIERCE	ENCLOSURE

Puzzle # 3

```
Y N O G A S R O D I R R O C U P O J Q R B J A
S B W G W R J E N V D B F V D R I R T E C H U
K G B N R Z U A O V H T O M E H E B L D E U C
V Z E I N O E R O O A L A U T I R N U C L M J
K A F B O C A H R D G X Q I H Y T Q B A E B M
I W Y M O J S R I G N I R E T T U L F P S B E
S A I I M D T R E G N I B W F U S I O N T B D
O T G L G D H V O F E Q X P Y X M Y E X I N I
R Z R C R D R N Z F A M F K V Y E W W P A I A
C V B S Q E V N D L D T N F G S N T B P U C T
E C F E N L I G H T E N E D L J I P T H Y H I
R B E N A U V Y S B M I E E C T V D F X D D O
Y O U R C O B B L E D A N S S J I G R U F L N
J F E U B R G S B T T I N O I M D U N J Q E S
A M X C Q E X K X Y T B L G V X A J B H M V O
L S P E C T R A L N P U Y K L B M G B J L O J
Q F B F F E X U E D V L U H V E P L I U R S M
V Y Z X A K C S S C C R E E P Y D V Q C P N Z
```

MAGIC	CORRIDORS	CLIMBING
RITUAL	ROAR	COBBLED
FUSION	MANGLED	BEHEMOTH
REDCAP	SENTINELS	DIVINE
SORCERY	AGONY	MEDIATIONS
CELESTIA	ENLIGHTENED	CERBERUS
SPECTRAL	CREEPY	FLUTTERING
UNNERVE	OCEAN	LOST

Puzzle # 4

```
I P L P V E V C O R S Z U M C U Q R W J R Y S
K Q H B V E T A L O S E D C N C C N G O Y V Z
G E V Y N W K G H G X G X O R A H E Z F L V A
P E T T E U O H L I S F T U E I U I S Z M G E
M B Z N E Y W Q V S V I U O H L D K J V X F C
V X N A C K Z U J B R J F N C E F D K U C L T
W H K E R J I N G T J B R M T D B S K Y R E E
Z K Q E O R M L E Y E D I V A G I I O E Q E S
R U A T O N I M Y R Q D G R W B B B Q T N O T I
N Y D O H Q A I F T F Z H Z I P E H U N D G U
F L H X C G J K N B T S T L T F G K I M O E G
A T K L X S R A Z R J E A W X U O V V V M V S
H T N E R R E T E D E N J T A J W R S D I R I
W L L O T L T Q J Q T T L L H P S D G A N E D
N O W Q Z S S Y F E S X S V G G O B M E I N L
Z H I N D I I I X H M B K K U O A O P D O N H
M E T A F V L Z H V F X B O W R K Y H Q N U F
P Y Q D Z B G P A S P I R A T I O N F G Z I N
```

ASPIRATION	DISGUISE	TOLL
UNNERVE	DETERRENT	SLAUGHTER
GLISTER	TRITON	DOMINION
WOODS	FLEET	FORGE
STERN	FRENZY	DESOLATE
SILHOUETTE	GLOW	MINOTAUR
WATCHER	SIBILANT	JETTY-LIKE
FATE	AMOK	FRIGHT

```
R O V K S H S Z T F M R L N O I T A E R C C Q
E R I F N O B B T R Y Z R W V L V S M D W Q B
R N A E P O L C Y C G E P Z Z L I N C I G E Y
Q P Q L J M Z S W L S O M O A E I R W A T I G
S S C I L E R V R T P R H N Q P M S D P M H U
W P S H J F K L F P O R T A L S Z E E T P P D
I U A Y Q R R U P Y X D I Z Y J Y T Z G E O H
N T U N N E L E T T W V S S Y L M H I D A B R
D X B D T P N B L S Y R W R O P I L I S R V L
L S A W X P M B L I Z Z A R D N L R K I E X F
E F S A F E I P W N M C X F F D M N F N N D J
M X F V F K N Q A O D R E A M E R I O I A I D
B K K E Q T V K H G J G T J H V D A F S E O Q
G P N O A N N O T A T I O N S S M L D T V Y M
Y S Z V B E P E T T G S K R G M J P T E A E W
W E Q C P O J B F N Z Z T Z V L O H R R N G C
K M F E Q O L Q A A D T S O L S T I C E K N H
D X W J V P N D V W J X P F P L U L G W K O F
```

CREATION	TUNNEL	SWINDLE
SPELL	KOBOLD	BONFIRE
SINISTER	PLAIN	WAVE
RESTFUL	PRISON	ANTAGONIST
CYCLOPEAN	KNAVE	ANNOTATIONS
RIDE	ARENA	FEY
DREAMER	RELICS	SOLSTICE
PORTAL	SCAMP	BLIZZARD

Puzzle # 6

```
H D I S T I L L T A B M O C I R S F B M O G I
R R W W D L Q Y T V J T N W Z B D E V P X W C
E C S I N I M E R S Y P N R D K M C T J H D O
Y N T O Q Z T D R A T S P X R S V A R D N V V
S E X Q Z I N E Y W O D A H S M O R E E Y X G
A S C E N D A V P U M O T H S M B T C T Q Y Y
L H P F Q H H A Z L Z L C C H S W K N A F O S
I U C J P V C S I B E F C J O K G T O L X X W
H W I K O M A T L M M R A W W J B M C L D Y U
M E R M A I D A E A X Y C J A T U T S E V V P
W V O W L H D T L N E Q B T J S E V I T Z C I
F G Z T P F Q E B C D D G A Z R S L D S A B B
H W I L L I N G N E S S L P L B B A I A Y W W
C F L Z C T N E C S E N I M U L Z I S C Z A N
O T C F J G K D A T E E Q J H Z I D O S T R R
H C R A N O M X E R Y B W T C K Z Q E M I B H
A Z D X H Z W X F A A Y H T S G S L X D E N W
I H I C J P S F M L H V U Y Y W D Q E G K B E
```

WILLINGNESS	ANCESTRAL	PUZZLE
VOW	DEVASTATE	TRACE
SHADOWY	DISTILL	DISCONCERT
LUMINESCENT	WARM	COMBAT
BIOME	MERMAID	REMINISCE
STAR	CASTELLATED	ASCEND
AMOK	SHOW	ASSASSIN
MONARCH	CHANT	MELT

Puzzle # 7

```
F X E T A F T L W F Q H E N J N M I S A S W U
U H P T J S Q K T G F Z J N X P P P H O E N I X
N P M N H B S U L A N X R O F D Z K B Z X H H
E Q G R E W R K S U L C E I M K N E I N E G D
R B I C Q M G C H J P X T T H O R R I F I C W
A L I A O L I N Q G M V R I E T A N O S E R Q
L L R I I N E O S K Y T A D C Z I D B E V F B
K Y L P A H Y E K V L P C E W S A M B A O A F
H C W T A Z J G P D T C T P U U H S C L J I A
Y A I R X D I D K C S R A X V P V I K I C T M
Z N B U P D F U J S A Y B E U C A T I D R S I
G T P R G G Q I L O V E P L A X Y A B Y O S E L
B H Z F R B R B R H B T E P C L A E Y E M L I I
T R R V A L I A N T D O P A E Q M V K S O E A
Z O M U M B C C V B L D J N D B Q R M K M C R
Z P P G L E B N O C T U R N E C J T A J J A N
B E G P Q R O X E F N Z E C S J J E A W M Z L
N F V V I O I S K S J S U B M E R G E T S M N
```

BEASTLY	SHRILL	ABYSMAL
LYCANTHROPE	RETRACTABLE	RESONATE
HORRIFIC	FAMILIAR	CRYPT
FASCINATING	CELESTIA	TURMOIL
SUBMERGE	VALIANT	EXPEDITION
ICE	GENIE	FUNERAL
SWARM	BLUDGEON	FATE
PHOENIX	FOLKTALE	NOCTURNE

Puzzle # 8

```
K W T S E T N O C U W F E E R L N S H F M P B
E I L S S E S M O N S T E R X J A V L T I D F
F N C I T S E J A M U N D G S P I M P H O Y G
G A O J F G F T R E A S U R E D X Z S N Q V C
N O L R A N I I L N N R I I J T C G C X E Y D
T U B O M C Y H I F C A N K P B U A O U G Q S
S E J B W O W L G U T P B L O O D S U C K E R
Q I L X Z T U T H K M E T I R P S E L J A I L
R R U Y T R I S T F N C Y H K C N A R U S A B
L E A R F L L A F T H G I N M I F I S H E R A
N A M E T I S I U Q X E M J U M B T M Q I A M
Q F T C E T O R P S C I W G Q S K G U R G Y A
D U L N B N N Q O C S H N J U O F W M O V Y R
H S L C J X H P L I U A B R A C U U T T H C O
P P A N D E M I C T S S B Y L W Y D N I W S I
N Y W C Q P T H H C C A D O I K N M B K E Y D
Q S R M Z A N X N A P B D D L X N K F O A T O
I D R E B N L M K T G G A I X A U D B X O S G
```

MAJESTIC	CONTEST	APEX
MONSTER	FAERIE	LIGHT
SHOUT	REEF	NIGHTFALL
EXQUISITE	TACTICS	PANDEMIC
ENORMOUS	BLOODSUCKER	TREASURED
WINDY	ASURA	PYRE
SPRITE	COSMIC	PROTECT
FISHER	SANGUINE	DIORAMA

Puzzle # 9

```
R G Y W S R U Z I Y A R Q Q N B L Y R O T S L
D C S E R A L F S E I G O L O H T Y M E L Y C
I J V C V N W T H E R L A H Q W P N T G F M V
V U F L U T T E R I N G S L X R I E A R Q M H
U J G C P M M H D I G O L D I S L E V U A U E
L A I T S E L E C U B R E C U G P K S S R M I
G E Z R H G F P H T R L E B S M C F G N M M E
E N O E Z S A E I L X L T R E E R Z A R A T T
B O K Z Y K N P U J E E W E V E O T L W Y K S
V T X H O N T P B S R Q Y S E E I R F K B Y E
H S V B Y R A L S F S G H O R T C W J F I U L
E M O S L M S E U J X T H U E S C L F E Z E U
A I L U S J Y G K H O Y C N X M N L F M N A P
P R A E R D E J T V R U E D L F T A G R S E E
P B N Z S M L X F N E K E M Z Y K C A X R L F
G Z T D U E N K C U F G R Y G I N H Q E G O T
H N U S B C J C U F D L C J Y C C G Y A T C Y
A B O Q R F Y Y E W W V S J Q P E K E O Y B K
```

FANTASY	CELESTIAL	SNAKE
SCREECH	PRICELESS	CALL
DIVULGE	FLUTTERING	KEEN
STORY	VOLANT	SEVERE
TITAN	CHARNEL	RESOUND
SUBTERFUGE	EAGLE	GOLD
MYTHOLOGIES	SURGE	BRIMSTONE
MUMMY	FEROX	FLARES

```
B T F Y J X A E C O X B N Q T S G Y E A V D L
Y Y J I B S V J E N R O B R I A U X T W K U B
N Y I J R E I L I Y I M U B H Y G R T S S X I
G F O D R X L Z D T Y V E W Q H E H E R O G F
E C A D C O U Y A F O M S R M F R W A B Q L K
O J A U T A Q N I T R O L L M Q V R D S R O V
N N N B B A I T D H N W C W S A E P D K T E S
T T U W Q V S S N E A K Y S H C I A G E L L C
B R Y K I Y W A T C H E R E N Q N D Q P J K Y
N X O D M Y M K A Y L R D E I C T N A H C N E
X D A L N A N V D T R U T P E Y X Z B L G Y P
I B U A R B T N Q X T S G S T L V B E Z R S I
E O H O U D I E G I I Q T X F F S A R R J A J
S L I H O W J C N X Z R K P P P G G T U C A T R
M D Q R G P V G E T A Q C I R D S M A S H N U
W A T Q F O A K C L K U V X S X O S O X M A W
V F N G K M K C O P U E A K V Q T O Q B F F K
A Y C E H P O R P P X Q S O S G B C F W V I P
```

FANTASY	ANCESTRAL	AIRBORNE
CERBERUS	VERDANT	SMASH
SNEAKY	MAGNITUDE	TROLL
EXISTENCE	TROD	WINDY
DIVINATION	WATCHER	DIORAMA
BURN	TOLL	MERMAID
ENCHANT	MYSTIFY	PROPHECY
SOUL	GHASTLY	LOST

Puzzle # 11

```
I U F U M V C F M P P U N X H V D X W H L V P
Q P R W K W R A I O S Z E O M A K T K G T O N
A H V F R I E N L K X E I O J M Z S E N Y B N
X W Q Q B N E T Y K G L P E N T A G R A M K A
M Q O X O D P A H O I T R L M F Z X Q N R P N
M R Y W T S Y S A E Z U B A Y M O O L G S O O
X H R A T P E I R N T F H C V E I L E D G E N
Y N R S O A M A F R T L J S L B T C P G I Z Y
D B T K M F S V O P I A X A P I R A T E W R M
E K R O L F Y T U Y D W G R Y O L S U Q J D I
N W O S E I S A T N A F P O K J L V S D N V T
S Z G S S C H O B G O B L I N J I D P N A R Y
E W V U S H R D P V M A M A Q I K M E N A C E
O J R T T H L I E E P Y L R C U S F G S L U O
L D H P R H A R T H E T F I S Q E T N M F K W
A J P V D E M K T L E D S M Y A R S I L B X I
Z S K S A I A E R A N S N E S S C G E G U E W
K W K L N Y P N E R I S Z T C E Y V B V B U V
```

FANTASIA	CREEPY	FEAST
WYRM	HOBGOBLIN	VEILED
ANONYMITY	PENTAGRAM	ENSNARE
FANTASIES	TORTURE	DENSE
PIRATE	RASCAL	WINDS
ANTAGONIST	DEEP	MENACE
BEING	GLOOMY	KILL
SIREN	VERMIN	BOTTOMLESS

Puzzle # 12

```
N Q G P P W L D Q Q P U L Y B E M R Z V C B H
G H E L L F I R E M L X T S O L S T I C E G U
U O W I Y G W P Q Z E I P Z Y E S T U J U O A
A L E E S W F R T G D J U L D C R Q P L A I N
R V J C S T Q O O D M O M E L A C I S M I H W
M K V D A I N L O D Q J F G T M I J A T O C V
I G F B R Y V A L O R J H A I I R B S G Z O I
M Y S M A J N K S X Q N I C L R T E J X B T O
T X A L H D H H L L M W Z Y W G E R I F K L L
K D E C O D E J R G J Q O J A R Q S I O O Q E
X B J Y T R A N S F O R M A T I O N N H X I N
U I F N E K F R H A X R K V N F C Y T A Q R C
C T E V E N G E A N C E T P M O R P O A P U E
N E Z S X V R Y O M S Y C R F V G X H B S X J
N L I G U V J U D L R E T P U D F O F O T W E
F Y K E I E S W O N K N X C M O Z R T R N C R
N T D J L D K T C J A E Z L Z C K E V T Z O J
D L A T N E M E L E E D O X L V O F O R E Q R
```

WHIMSICAL	DECODE	JOURNEY
TRANSFORMATION	DANDY	HELLFIRE
PROMPT	JET	VEIL
HONOR	SOLSTICE	VALOR
FEROX	HARASS	VIOLENCE
ELEMENTAL	ODDITY	BITE
LEGACY	EXPANSE	PLAIN
FIRE	GRIMACE	VENGEANCE

Puzzle # 13

```
B L C A N G D C P Y A D X L Q S E K C X A C S
F T T E T A L E R I Z O N Z V S U N X P T O L
C A N G J M V G T E A R I F S Y T E A T R O O
D E L N L H D D A H H T K B E B A L S E W E Q
W D S I L E E L U D E W Z L A S T Z U T U E A
R O R R U F B E S S D A B U K G S L O O C Z J
C S Z A W G B V N U S I E L A H X E N L N D A
G I J O S N M K E O D I D J F G P S I H V K Z
T P D S V I M M D E Z Q H X Q X T P A S D S Y
G E D N T N Z R R M O R P F G N T W T F E I J
Q U D L C R C C U Q L R R N G I S V N W M Y V
A R H Z M A F O B W A S M B C F N Q U G G Q T E
H O Z D P W R P A V H Q L D W F G S O Z R V D
K K R A K E N S G R I P E G F O Y I M W L G H
S P A C M A N Y H E A D E D B C E L T T A B L
X N K C L O A K H W A K J F I B L J A I H E T
V G K F A L V Z R H N W A N D E R I N G W I Y
A V N J L J F O S K Y T E D X D N Z W D Z C Z
```

SOARING	TROD	ECLIPTIC
MANY-HEADED	COFFIN	BURDENS
DATA	BATTLE	MOUNTAINOUS
CREDIBLE	EYES	HALO
DAKARA	EXHALE	RELATE
EPISODE	ELUDE	STATUE
CLOAK	SHADED	WANDERING
HISS	KRAKEN'SGRIP	WARNING

Puzzle # 14

```
U U S W K L R W L Q J N D X J B W Q W Q X Y Z
F C L D I Q R A C H I N S Z U K O W E F Z S G
A E U N E I A X N C E U U P G H R N V C W E E
D L F F T R T R A I L S O A D T C J R L B C N
V E I H E J E L F A V E D L Y Q R K E U P R I
B S E D W B L P N C Q N N E T K T O N F L E G
W T O E W C F T S H X O E N P S S S N S E T M
Q E Y Q P Q I D S I O L M N H H B C U I Y F A
R Q S S R Q C T T Z H R E U G X P G T T O I E
X A I L U E I H U M R W R T D N U C L X E S U
M L W E Y K O F N W B P T I Y T I G B S W H V
B Z L K H S R E N P K E A P F W Z L I B T E U
T X V E L P A M I D P R D H V I F P B A L R Z
C G Y B W L M W N B W R E A K V C S R M I A K
F I H E Q D Q D G R N G C O V E N P Y Y U A X
J S N D L V Y A L K S A I X Y W P E W S Y R F
N D F O M V D E P O X M E A I Y D L C T T Q Z
T H P R S E Z G S T H C Q N Z S M L U E G I I
```

SONIC	CELESTE	CROW
RUMBLING	FISHER	SECRET
ENIGMA	ANTIQUE	UNNERVE
STUNNING	HOLD	HORRIFIC
WREAK	SPELL	TRAILS
WRITHE	MAPLE	TREMENDOUS
LONE	TUNNEL	FIEND
DWELL	COVEN	WHISPERED

```
R I C X N Z Z Z U T W D B Z M F N N I V W M V
V G N I W O L G R E V E T N E C S E N I M U L
V M O S S O L B A R T O R R E N T I A L A P L
I Y N K I I K F S R D E Z H N X A G N L A G H
G Q X M L F N H B W U Y K N C L R V I S T R B
A V K D W K P O V F O S I F H A O L W O R G J
E C H P Y N W D X L X R A G A G L F P U M E X
V S J E G I L G T O Q W Q S N L A S T R Y B I
J D N S D G U W N O E C E D T I V Y H V B Q R
N E M Q L H E X Q D B W I Z I S R A D I A T E
M F Y E O T C L O I S T E R N T F E X P H N L
C I R Q G E S A V V A D H D G E U V I B O B B
F A R E I W W K S M W L W B Z N S Y G N Q T J
Z N E A O M M Q A L U C A R D I I S L I A R T
U C M D R O M A N C E D T J V N O Y A Z Y X D
D E A R K Z Q A K E I O Y U E G N B F B P E P
S E P A P T O N T R J O W M I Y E T R A G I C
M V U O D R C J T I R I P S N A I D R A U G P
```

ENCHANTING	FLOOD	ASURA
DRACULA	KNIGHT	TRAILS
VALOR	GROWL	GLISTENING
MEADOWS	RADIATE	DEFIANCE
CLOISTER	LUMINESCENT	TRAGIC
FUSION	GOLD	MERRY
GUARDIANSPIRIT	ROMANCE	BLOSSOM
VEIN	EVERGLOWING	TORRENTIAL

Puzzle # 16

```
W D X S A C O H I V J G G H C O Y W M X J A P
M C A P F K N L N N I A N T E L V V M Q D B F
A C B N S X S G P H F E I E Z O G R V R L L X
D A U O D A Z Z L I N G L R W I W X G Y U D C
T A Z I H G Y J L Z I S R R M E X E H I O I M
X G T N A T I T A E A T I O L A R T S A H Z H
J O S I G U Q U D M H F W R X T P X G V G J T
L R Z M X S A N J O U A S I K C I T P I L C E
C G V Y N G R A E T S S N Z B S B K X B L P R
W O A N T E U H T I S A K E Q R T G W T T O K
L N H J A N Y W I D E C Y C L O N E W M R D W
R T Y M E U L A C I N A T O B Z B Z E E A T W
Y B Q F H S F T H J I C Z H F Y H L U A M U C
B F A N G S O Y O D T A B Y Q P T Q C X V R R
G Y S W M K Q N D Y P I Q M K T N D P M U Q M
I E Z Y Z W W W I C M A Q C A O K O K H A G F
L O C E Y P E E D C E T H B C R Q X J E U M K
N D E S I N G O C E R M S I Y V N E D D U S Z
```

TOY	CONQUEROR	TITAN
HEAT	DAZZLING	CYCLONE
RECOGNISED	TERRORIZE	BAT
SONIC	ASTRAL	WIDE
JET	GHOUL	SWIRLING
BATTLE	SUDDEN	FANGS
BOTANICAL	ECLIPTIC	DEEP
GORGON	MINION	EMPTINESS

```
P S T R E T C H I N G H P M D F G Y Z V O F O
E Y G A A E S F G Z S W W Q I Z A X P R I K L
Y M E R R Y U O L O A S Q B V U Z G H M G M R
E F P R F T B L E S S E D P I P N T Q O H X B
G X B L O O D S U C K E R W V E A S Z M M P Q
S R O N P L S S P A N D E M I C I X X X P I M
U O U L Y C L N O C U M S J E U F U Z S U O V
D X C O A B P I N N A U Z C N E F N C D S R W
B F V L M D Q H C N I K T K V Z U Q H R U Q Z
S B E B A A U N G K T C Y A L E R S W Z P R P
Q R N Y H E L L T T N X R Y N M N I R R P X M
I H O X T U E G N R K C Q Q B N M T W U D E L
K E S A K D N Z U T T A X B A D N R U F P N M
W E R B R N D T O C B H W A N D N A F R A W D
X O W G H B C O E D R E A D T C C E Z E E Y T
O H A L J O Y C C D P R I U Q A W I C L X Y W
W U P A N M J L L H W Z S Y A W H T A P D T P
H C P X O Y U H P Y G Y S F T B N H Z W S M K
```

SONIC	VENTURE	DREAD
PURSUE	RUFFIAN	WAND
PANDEMIC	DWARF	HUNTED
VIVID	PATHWAYS	ROLLICK
SCALE	BLOODSUCKER	ORATE
FLOOD	GLAMOUR	FUR
MERRY	STRETCHING	MANGLED
ROAR	NOCTURN	BLESSED

Puzzle # 18

```
G N I N E T H G I R F L X C P Q D Q H U I R W
L R E L I N Q U I S H O G Y N N J N Z C P E R
U N R F S G J S D S X W U C M S E A U A Z H D
Z V P P C H R N H O A Y Z L A U C C I O T R J
Y L Y A K E R I F L L E H O N Q O O Y O S U O
I M K S Y P E S J B F L J P O O E U S I V E U
D D U M Z L N R U A W E Y S R S K S Z I B D R
C S W Z D F N O H O V N Z R T M X T V O P X U
E O A E L C A R O I E C W R W G N I S K O V U
H S N L O V V J W U Q N E R Y C D C E I L R R
F M U T P V G V I G M A A H B T M S Y K T P I
C Q H M A H X P K K M T R R E L A W A P E I P
W F O W H M A Q O N H N U H R U C W X J R O A
Q Z N A T C I U C F D W I T N E S S E S G D B
K H K M R T E N U Q T R A U M A T I C T E D V
T A M B U J U L A C E R E M O N Y B C P I I P
I N F A S C I N A T I N G R V K Q U U O S T C
D U T D M R O T S R E B M E P D G D I S T Y Q
```

FASCINATING	SHIELD	MANOR
ODDITY	ALPHA	RESOUND
CONTAMINATE	TRAUMATIC	CEREMONY
STREAM	HELLFIRE	SUBTERRANEOUS
POLTERGEIST	WRATHFUL	MUSE
EMBERSTORM	RELINQUISH	ORACLE
VIVID	ACOUSTICS	SING
FRIGHTENING	CYCLOPS	WITNESSES

Puzzle # 19

```
B E X G E N G P A R O R U A N M M F J I R R M
N R S X P O B B Y P N E G R E S S E P B A E W
X I P R O W L E R X O G L M S O S C L J D K O
V F D L A E R E N U F I I S V T C H Q O W L G
Q N P T N O I T A R O L P X E H R O C H G A T
O O M G A S P D O C I T P I L C E E R D W T F
X B V Q N E M E E Z F Y Q D H U U Z N T G S A
U N I Q U E R R T T Y Q E X I M K I R G V R I
D N U R P Y X G J I A V F S E O Q B E Q T L L
A R Z T N N L P X S R L N S H L V K P H S H U
U R A C L W P F V B J P E R I S E E O L V D N
Y U A I C H F L A R E A S S N K S J S B E I A
V R X X L Y B G P Y L X A O S R J Z I Y F S R
P I N T R I G U E K U Y I L U A D A T T Y G Y
M Q Z K Z Y M R Q W L T N C Z Q T D O P M U L
Z X Y L B D C A L Z O P D T R Q E Y R A O I Q
Q O L Z I S D N F P S Q U Q I Z S A Y W A S N
L M X Z A I O X E U J A Q O Z V X O X P S E Y
```

RISE	FLARE	DISGUISE
POTION	SPRITE	EGRESS
ECLIPTIC	TASSELATED	GOLEM
STRENGTH	REPOSITORY	AURORA
GREAT	CURSE	STALKER
BONFIRE	INTRIGUE	FAMILIAR
UNIQUE	EXPLORATION	LUNAR
FUNEREAL	PROWLER	VOID

```
Q K U F Y R E E N S U T Z P H Y N Y D D S O K
E Q U V L U O S Y S I P E C O J D A U M Y K U
M V W M Y S T I C A L N S E R V K C U D F F B
C C I K V D E I D H V L G X I Z X E B A F B W
K Q E T D X J T N S Q U N H G S F D B K P G Z
R R T N C H N O B S O F A A I M K A I R O D X
M L E L Y E L M Z U O T F J N N N I A B R R O
K T A D N X T B X O A S V F S D G K M A T E R
Y I Z I L D V O Q S V I S L O Z U E K I T L L
M T V S R O P E R S L W P N U Y Q E Y B C B O
T T I Q S E M S G P O S E H U S K O W I G A Z
I P Q C P F A S E M S D H G B N T Y E T J T F
C D U N O D B B C Y C L O N E A G R C X T C B
I D E A I R M E M O R A B L E T B H O K F A P
L J A C I V T Y B A J M R S Q T O O L U E R T
E J E F E Y I A O R D N A S L A C J S Y S T E
T D S O J I I W Y P C A S U K C F D N P P E E
H Y F A R B T M R K V S I K I K X O X Z E R C
```

MYSTICAL	AERIAL	TOMB
ELICIT	MEMORABLE	DECAY
SAND	SOUL	FANGS
WISTFUL	EXCLAIM	SKIM
DRAKE	PROTECTIVE	ORIGINS
LUSTROUS	ATROCITY	ABANDONED
RETRACTABLE	SMOLDER	DECEIT
ATTACK	SNEER	CYCLONE

H V T C E G O D M I D P U S N O I T O P C U W
V E R I F X S N A V E E Y E G O B A N D A G E
S W I W F O H U K R D K C H L M Q F N K M W E
M E C V K N A J E C R E F N X G P L C Q E L D
W G C D H Z D S S A M Y D C I Q V C C J A W Q
Y J Q N Y V O H D W L V M N A V L O M G O L R
A K Z A R A W A K O F U F F U K N I M N K O S
I Z D R E N Y P M A C A B R E O Q O D R B D M
V H R B V A T E E B V H K G B G R E C B G A W
C S V E O K D S K D K I K O Z K R G U R M N K
Y V A R C Y X H I D H S S S N L E M S K U R E
H F I I S M M I L X O T L R A F T N S X C O L
T R Q F I Z J F R J R O Z N H F A L G D J T S
J Z I Y D K T T A P R R D G G U L B H F O A Z
G P M A V S Y B W W O I M J B E O U X C Y B F
D U N E I N E G M J R C H C P E S M F N X H O
S E U A I G N I T E A P T S D N E A L Y L O L
B S V J E V W E L B N X H K V I D N K D I R U

DISCOVERY	DARK	TORNADO
SHAPESHIFT	CONVINCED	WARLIKE
FIREBRAND	MACABRE	HORROR
HISTORIC	SPELLS	NAVE
FIRE	GROUNDED	DESOLATE
IGNITE	BANDAGE	ABHOR
WONDERLAND	POTIONS	SHADOWY
GENIE	BOGEY	GALE

Puzzle # 22

```
F G U W M N E C P T C N X V B M Q W J B S N T
T M D I R J H E N A U D R V T L A V M R H Q T
O R Y A Z Z L G I J S Q B B N P G M E T N H T
D U D V K G O C T N E V O C O U E F A R A P J
E N O T S R R L Y Z B W U N R D W E B X M M W
Y S N L G J Y Y V E L A T T F O R V Y W E I L
W G F O H D J C H J Q R Q H N B L A R O C K N
Y S N U P H T Y X J D M A G O S C V B O B W P
D R T N A L I G I V P T A U C O Q Y E D G Y S
O X E N K O P C W E Z H F S M Z E G A S B A N
G V B N T G C H A L K Y P B I H H F U S H G E
A I Q M E U U N Q S W K U M U G O X T J O O K
W S W X L C W N A O O S F A A Z I P Y G L F O
W I I B G S S E L L T N N F Q T G L E I L O T
B O L L S U O R U T N E V D A I G J N P O Y F
O N N Q T G E H Y F W C V R K L X J I K W U I
A R L Y E U W P Z O Q T Z W S H A D Y Y X U Y
L M I Z S G N I D N U O R R U S M L V A U L T
```

BEAUTY	SHADY	CHALK
GORGON	SCENERY	HOLLOW
VAULT	STONE	BREATH
WOODS	CONFRONT	DARN
COVEN	ADVENTUROUS	SIGIL
VISION	VIGILANT	CORAL
SURROUNDINGS	TOKENS	WARMTH
LEVY	VERMIN	COMBUST

Puzzle # 23

```
F T B W J N W O D N U S A F B F E W O V E E U
C J K I G S L A N N A H M G R B S N N Z O L J
Y H C A E T N A N E V E R N I B F T Z E T E L
T A O G T Z J L P C I C T I D Z W S C X B M H
A S M E A P E R P L E X I N G Z D A B H N E S
I K M L R V H W W N Q E E T E B R C Q A K N I
C G E Y I A M P E L G O N H N W G Z I L A T U
A Q N J P F R W N N D T I G F V M O Y E F A Q
M R C Y G M F P R E C I P I T A T I O N Y L N
R L E I L X D W I L P W S L M A R I T I M E I
E P M E O L G H E I N T E G R I S L K S F S L
L X E S W K J N T Y R Q I J O B W V A B Y Y E
W P N U S R E S I T S I H P O S D I Q E W J R
N I T X B Y S T R P P R A H S U B Z B Z R Y L
G X A B A V I U P D P M I O Y N B G E O B N S
C I H C K I Q J S D A I A I N A M O R Y P Z U
Z E X W V G K E Q C N I R C G A P N A E R N W
K Z G W E E Q S K L F T D G M K R C H R C N L
```

COMMENCEMENT	ANNALS	SHARP
MARITIME	EXHALE	PRECIPITATION
LIGHTNING	GLOW	SPINE
SPRITE	GRIPPING	ELEMENTAL
SOPHIST	PIRATE	CAST
PYROMANIA	BRIDGE	INTEGRIS
PIXIE	UNREAL	SUNDOWN
RELINQUISH	REVENANT	PERPLEXING

```
N K Z B B U V L U F R E D N O W P F L N D P X
P Z C G O Y T A S S E L A T E D S C D I V D O
I E V Y X Z L I Z L W S N O L A T W C C E V X
L U F P T G E T Y B A R E T A X N D B C R E L
L N P I T L G Q X N N Q Z R I M R B U P M M T
U C Z E D S A X W O K W C D Q A R U V S I O X
S S G R A Q F F S O F I X D U W H A L E N X H
T E G C H A N I I A F S H G F V P W O W I O U
R E X I Z F O S W Q X T E D O B J L C W O U P
I H N N D P I U T Z C F X W O C I Q L V U M H
O T D G C D T B K L A U T C R O R K R F S R H
U I A G J A C T E S Y L P I T I F D L S H L C
S R R O T Q U E X O I U A S D L Q E V A N K B
X W K Z Z J R R F J X H U U L M S T W S K B F
R B N O U R T F H X Z N A M F O R B I D D E N
N D E X X G S U D T A Z H H T U E L S Y P W Y
C V S Z A P E G V M A U F D H T U O H S O I C
B G S G R C D E I J E V T K O E C L I P S E F
```

WONDERFUL	SLEUTH	TERABYTE
VERMINIOUS	MUSIC	SAFEGUARD
POISON	TALONS	DESTRUCTION
WISTFUL	ECLIPSE	DARKNESS
TASSELATED	KNAVE	PIERCING
SUBTERFUGE	COIL	ROOF
ILLUSTRIOUS	FORBIDDEN	WRITHE
SHOUT	WHALE	TSUNAMI

Puzzle # 25

```
P T S I E G R E T L O P E N C H A N T M E N T
Z X L M T D E H S A E L N U L J R T M Y T U R
S B Z G A H Z P N I X B S S B G E M Y N T G B
P L T J M G A W R E S U L F U R S U T R V F P
D H N M I O Z B A S J Y N U V G T I H E O H F
K F E Z T V A S D I S F G I U Y F J I R N I T
D I M X L K G M G T A K D U S H U T C U F B S
T R E N U K L W J S O B K N E L L A F S S R P
G G N I N R A W H A R G H L O A L B C O Z U Q
W Z I S X Z O S F H A L L O I B G C R L E O S
D W F S X U T M V C Z E S N R P D C S C F M S
V S N A A R E M I H C C F S B B E W S N M A A
M I O S Q I K E V G K E E G E R W X P E E L H
G D C S B Z S J K Z R Z I P E R T Y F B U G I
Z Q J A O D L C R N E Y E R Z M T I V C F N U
V X V S U I N F O R M A T I V E C R A X R I C
L A T R O P O B I F D Y X G G P E R O V B J V
U F K G N I L L E W D N R N J F D D K F D M G
```

ENCHANTMENT	CONFINEMENT	CHASTISE
FORTRESS	DWELLING	UNLEASHED
ULTIMATE	GLAMOUR	ABHOR
MYTHIC	SULFUR	PORTAL
CHIMERA	INFORMATIVE	FALLEN
ASSASSIN	POLTERGEIST	INFERNO
RESTFUL	WARNING	DARN
SORCERER	DRACULA	ENCLOSURE

Puzzle # 26

```
W G R M C Z D C P H Z V O L O Z B X Q A V L X
G Z X M D R P E E W E V Z L Q C K A Z Y S S C
O G S E G O Z L F Y K I N J I C O B N I W J E
B J K J Y G L K E W C U D Z Y O Y V H D T F E
L U R X D F L G M Q S T O R M L T N E R A L R
I K H O I W A L R O A M I N G O Q U J R I G S
N H M R A R I A U B S W K U K S S J O C T P E
R V E E R A D D B R L A C I T S A T N A F G F
Y O S E U P R I S T S E Y S N A P J A E P Y L
A X N S S P O A A P F L G B W L J E C R D J I
C O D A A I M T M Z S N D K Z C U B J N L N C
E X F B M N I O E I Z D O Y M A C B E Z W I H
W V O Q J G R R R C A N E R A E J C L O U D T
C J R L O A P G B E A S T L Y E S N E M M I U
X Z H O S T I L E G R C E Q H A Z D G N P R M
X M E N C O R N A M E N T A L H F K A L Z N C
R N N O N D O B V L U M I N E S C E N C E K W
S F N O M C O P S Q M F H A X N R O G F C Q O
```

FANTASTICAL	COVERT	WRAPPING
PRIMORDIAL	GOBLIN	LUMINESCENCE
GLADIATOR	ASURA	IMMENSE
BEASTLY	STARLIT	MANOR
ROAMING	HOSTILE	LOUD
LICH	BANDAGE	ASCEND
ORNAMENTAL	HELLFIRE	ARENA
COLOSSAL	STORM	GRISLY

```
P L P R Z L D L B B H V X T R Y X E W K U L E
I G N P Q W M P G N I R A E S E D T M B R X C
X L M I N I O N P D P S F L D K A E F B A T A
Q I L A C S A R I S W C U L D J R D M J A U G
Y L W N T F V O B M G H H P F F T U F R F L I
P X V V G V B F O M A B Z N E H F N L I A Y M
I G Z G M L U X M P L W R B L R Q I W R X H D
V U X K D E A R M O E R S E J O I C N F C T C
Y L W Y E T Y S E W U A O V A J F O K U P L O
R U V B G J L K L V X D A A U T X R R F A A X
D F O X N B R Y N U I X H N X N H N M Z L E Y
A E W B U Z U G W A A D C N I M E S T O R T N
Y C V Y P S R D E C O D E J Z T U O H S O S R
L A M E X S V S U O M O N E V L L I R H T N C
T R T X E C Y M K O W F A E Z E X D A K X Y H
A G W C Z G T Z I K P T B C K T G G Q K G G G
Y B P Y T N C O L B A L C H E M Y G U O C X R
Y W E N B D H M Z P L Q W O J A R R A B U M A
```

CHARMED	SUPERIOR	EMBALM
BREATH	MINION	STEALTHY
SHOUT	THRILL	LURK
UNICORNS	VENOMOUS	GRACEFUL
DIVER	RASCAL	SEARING
NAVE	ECHO	MOON
CHAOS	DECODE	EXPUNGE
ALCHEMY	JINX	GALE

Puzzle # 28

```
M G W U Z N M G V Q I P S N B D T F V U D Y H
C D B L R C E A P D O B M C E X E J Y Q H S E
O T Z S T G S U H H R R N Q X V G D A J A B I
N E L C N X A M X C O T H P G L U D U M C D X
F R M E B D G G K T H S D K K N Z G S O S V C
I U V A V A A T S E E E E V I S S A M G R G B
N A P L G F S R B V W F J N U E X O Y G V H Y
E X H S A I E M Z Y W I P U D F Q Z C J Y E S
D T K D U B C B Q Y B N C O O F D B L L V V W
G D N N M Z C W X L U A H D S U W R W L Y I I
E A X E D H E A T E D M H E V L D I E E E T L
W E G A A L U M B E R V F D Y G D D V M L A D
T N N Z T D Z A M B H P N Y X E U G B Q S N E
E K I Q A W H P G N I K A W R N P E B Z U I R
J U D C A R I W L Q H C X Y B T R Y G R L G N
U W N P R I N C A N T A T I O N O F H Y F A E
E B I T H Y E V C M A T E X L J A Z T B U M S
I Q W Y T H P Y L G O R E I H G R I S P R I S
```

MAGIC	SULFUR	EMBERSTORM
WANDA	WINDING	WAKING
CONFINED	BRIDGE	MASSIVE
SAGAS	DATA	AVENGE
WIDE	UPROAR	SMASH
EFFULGENT	LUMBER	INCANTATION
IMAGINATIVE	MANIFEST	HEATED
HIEROGLYPH	WILDERNESS	SHROUDED

Puzzle # 29

```
Q Y U U M I D F N D W Q O O G R E P M I H W N
L K M A K X I R U T J F L A X N V P X Q Z K V
L A O I O A E L H N A P S Q S Q I T P S K E O
X E E Y I I B I I A E Z Y G L T J K X Q S G X
E N L V R D O A A W E R W R L T R K L F R I D
L S P R P T U V M A Q B E A O M B A U A C N M
L E A P C D N E R T J J Z A K M V T L T W C P
E B V X G E D R K C A T F Y L O A C I V R O V
P K A A R G E P K H C J I S O R K N C B T G T
J B F P R E D A T O R H O D E J Z O I L V N G
N M Q Z T T S W E J C M O F T K M I B A Y I J
I H D I M V P T N T E O S I H E Z V W X A T M
M S J U E N A G R N R O G F T Y P R R K R O K
R S Y D A M Q G S E N T N E M E R U L L A S S
E I S T A H M C H S A Y D A R K E N E D H U V
V H X R E M U L F G P M R X C Q W H L D Y W L
F T O L V R O X G X L N J Z M K Q X Q A U R A
G J G E P O R H T N A C Y L A P U Q R V M P D
```

STREAM	TRAVEL	SNEAKY
FUNEREAL	NOSFERATU	BARRIER
COMET	FLUME	VOODOO
ALLUREMENT	WATCH	INCOGNITO
WALKING	PREDATOR	AURA
PYROMANIA	WHIMPER	OMENS
VERMIN	DARKENED	ASTRAL
PREVAIL	LYCANTHROPE	BOUNDED

Puzzle # 30

```
O F W M Y R E T I A P J U Z S F K S R J X U G
H Q B Z N T U Y R E A S L Q T N A I D A R T X
I N M H O S Q F E K A R D H X B X O G R E I J
K Y A D M L C O L U X G P U N L E U Q A H V P
R J J Y E I C A E U F C L L I T S I D V C G M
J G T S R H N S L L S P Y H G Z P G W E R W W
R S S A E Z P W W E R R R B M G I F X N A J A
I T V G C J S R H H U N A Z W H O V T O E A E
J P P A K P M M O I C R D J L F N N F U S K V
I T M H I U B O N M Z M N E W O A O I S R W C
L E V N N R Y R C S H L E X V N G S K H R R J
Y H E E P M Y T H O L O G Y G D E X L E E F G
J Z E A Y G N I N I H S E I Q K C K K D N Y Y
T K A N A B K S O W W R L P J U F C I A E P S
Q C M A C A B R E C L A M L D W I B B W I M H
U M N I K H N T F X M J J R K L L Q E K J Y U
N E V O L C V H V Q P B O X F E N Q R N J K U
X G W Q X B Y L F A L C H E M I S T T B U A N
```

LEGENDARY	RUIN	DISTILL
RAVENOUS	CREDIBLE	SULFUR
ESPIONAGE	SPINE	DRAKE
SAGA	MYTHOLOGY	MORPHED
CLOVEN	SEARCHER	MALIGNANT
SHINING	MACABRE	SCALE
RADIANT	FLICKER	SCRY
CEREMONY	KEEN	ALCHEMIST

```
S R M K R M N R W T J S T P G P F V Z T H Q S
X O T A S W S C A L E W A Q X N G N H K U Z E
C R X G G K C Y G E D M C S V Z X G C M K E C
U U D T K Y F P R I B Z T G D E I F L Q S A O
A T H K J I M N S L S N I W G N D A Y P T Q N
Z L T D R Q A T H D V L C S D T H T I R C P F
F K W R D Z U H O E G F S I Y E S A O U R C I
B H O H R R F O O E A S M L R E R C K A A U R
J H B P B L W U P N B T O C J T I T H C V O M
J D W I Z X V R U V Q R E A C T I T D F E E E
A W N W M R A L A I Y U M D Y L Y L G U N K D
C G A A U Y R V K S O V E R W H E L M I N G J
D G A R R H A E D I D E E P W R S V O V S F E
S Z H S L B Q J X O N G V M R M P Y Y H B K I
R K Q U H O E O A N C Y C L O P E A N J M I H
C C F X C Z R R K D T Z D I S C O V E R Y G S
U M N N R G T D I K S E L B A F N L K O T B E
Z D Q A K F Y S K F L M A N Y H E A D E D O N
```

DISCOVERY	HORRIFY	UGLY
OVERWHELMING	CONFIRMED	FABLES
WARLORD	CYCLOPEAN	SCALE
WOODS	HEATED	MANY-HEADED
ATROCITY	CRAVEN	MIDNIGHT
FIREBRAND	DEEP	MAJESTY
ENVISION	ALARM	TACTICS
LEVY	TRAIPSE	DISTURBING

Puzzle # 32

```
Y W Y Q I L R W I T B I C S X U Q R R I D A V
L Z D Z V N V T D B C T U O O V B D C F N V F
C I H M X S H E B S U K M D L Y N I P E A G P
Q Z N G A J X J F P V B E A U T Y Q T R E E A
O B C T V I Z F X H V C D F C R R K G S G R G
C Q I I E S Z N X A E B F P O P C B N U Y Z R
G S T C G G I E T R R L D H N F B R G M B S O
Z U A J Y F R T O A D O G O F G O N X A R P U
C O M D R U P I U O B O U E L P V O I D U I N
A L U I G R L I S H A D J N U P N W P Q M R D
V E A P A C D E R T M B Y I E U H K J M A I E
E V R K N R K S E S V O W X N F F Z J Q L T D
R R T G W R D S R I N E X S C G N I T A E H F
N A N T J Z W L Z H F I W M E F K H E V P H S
D M V E P D G I U P V X X T W I N K L E G D T
N R H W U H L V T O F I Z E L C A T N E T D W
K W O M H D K U T S X P B X Q C Q C Q B Y T T
S T Z H B H W W K P E M G W M F I P D S Y T U
```

BEAUTY	TWINKLE	INTEGRIS
BLOOD	GROUNDED	BRUMAL
PHARAOH	SPIRIT	CAVERN
MARVELOUS	AGNI	SOPHIST
TENTACLE	REDCAP	CONFLUENCE
MAIZE	VOW	BAT
TREE	HEATING	TRAUMATIC
PHOENIX	PIXIE	VOID

Puzzle # 33

```
S P E T S T O O F G Z C D F G U T T D D B J D
S C E P E G V L N Y O J H W L N N J G E X H L
V A U D Y Z D T Y N I X C C D E I M G M D C C
D J Q E U J O H S C E A K N L I T T Y J N U D
Y P V W R T M P L F A J J O U N S D R T V W N
J T R O A M I N G I L N V U C F E V M U H T U
I H D U G R N N D C A E T N V E T M R T P S O
O L J T E V A D G D L R M H I R N O O K U S R
X T S O J F T U I A Z N T S R N O O T G H R G
P W E M M U I V M O M S P S N O C L S Q G R E
M B R B F P N Z M S B W P O U O P G E M V S L
C Z D A M G G T T Q Q J Q T H T A E R B R U T
E F G C P D N G N I T U O R I H U Y I T U O T
O Q T P Y P A G C X M S K D Z X S K F P G N A
I S A W R I I M R B D O I B K S S D A A S E B
I K Q T S M W N Y D P E T A D I M I T N I V Q
W E M A E R C S G N U A F R K B O U C G L A J
F Y J D R T C A F I T R A Z L H U R K W Y R Y
```

TRAIL	MALEVOLENT	WRAPPING
MAGNITUDE	BREATH	ROUTING
CONSPIRE	GLOOM	RAVENOUS
ARTIFACT	FIRESTORM	SPURTING
ROAMING	INFERNO	BATTLEGROUND
CONTEST	TOMB	FAUN
LYCANTHROPE	FOOTSTEPS	SCREAM
DOMINATING	INTIMIDATE	MYTHS

Puzzle # 34

G E C H D D E M N N L N R D J A Q L E I Y T H
O T Z F N R J O T V W M W V Y L I A T L Z G Q
B A X A U X V E U L S Z H H Z V C R M T Q P E
L L L Y S K A X P I P B Q P U O F T V Q O Z R
I O X S A C L A E R E N U F Z N J S D L I G G
N S R O H O T N E R R E T E D W T A R T T N J
F E V I R T I U G N I L L E W D S E O O J I B
O D N E E R W N F E W M E T R L D N R F U C S
R G G V T H U E C F A U S T J W P T G J K N C
S V F V T D N I Q A L I U M X Y H I J F K A X
K O O A U P M E N T N M Z L H J D B B U L Y N
I X F N L B C V Q O R D A R D G W R T X Z E V
A P W L F L I V G I R E E W G P W O J T J V P
R J Z P A J E A W D I B A S T I U S R U P N U
N W L G H R T N T B L O D S C L X C R Z G O Q
V E N Z G N E G I O P M T I U E Q Z W H V C N
H M L F A Q Y S V K E I R H S R L A R I M D A
U Y F F F D D O M I N A T I N G Y T H H P D F

LAND	FLARES	ASTRAL
ADMIRAL	HUNTER	SHRIEK
TREASURY	FLUTTER	DWELLING
ELF	PURSUIT	ORBIT
DOMINATING	DETERRENT	HYPNOTIZE
INCANDESCE	ANTAGONIST	GOBLIN
CONVEYANCING	DESOLATE	RUIN
FUNEREAL	TEACHINGS	FALLEN

```
I V B O H N X H R V Z C O N T A M I N A T E S
V P H D C O E J N A A W R F H B C K V F L T M
T N M T Z A A Y A S S A S S I N I Y D W C C Q
T X A R T S Y B D E L D W G F L N W P N Z J V
R T Q W I P J O R S R E H C T A W C M T U E D
E B A R R I E R E K S U L L O M K E J U C D M
M V N R I P R O L L I C K C I X S U N I S V C
E W O O D E D G R O V E N I C T U E T R J I I
N C O S L I A R T N L C T N U A H S F O R I C
D T B U F L A M E G D S C Z H A L G R A C H L
O W O B W Z G M A L Q A A V K O Y E F R I X M
U K G N I T N A H C N E A D S Q Z A Y D G R R
S K K R I V E D A H S T O M C X N S L G A L Y
O C E L W T M O N U M E N T Q T T I E G D X S
B E C D T G H H F O V E P V A A W D F R B F N
S Y X E Y T I K Y D K A U S L Z O N R H U S Q
V F U Q A L Q K N Q S N I Z D S E Z O M C J U
J H D W F T V P B D V A M A F I D H E D M C Y
```

ENCHANTING	ASSASSIN	ROLLICK
FUME	WOODEDGROVE	WATCHERS
CONTAMINATE	SHADE	WILD
FAIRY	SOLSTICE	TREMENDOUS
ROAR	MUSIC	HEATWAVE
MONUMENT	SEER	FLAME
FANTASIA	TRAILS	CRYSTAL
MOLLUSK	HAUNT	BARRIER

Puzzle # 36

```
W D E T A L L E T S A C I K E W B R G K N D E
I V S M X Q T U R U U L M W T B Y X K B S S K
P G E W P M Z R E V E L A T I O N W I N G S S
A E L C E O F O A Q E F T K S N N J U N W I D
K V A O G V C T L U O H G W I I V S I P H B N
Y Z T Y A S U O I C I L A M U X T H P P I G I
O X M F S W T E A O E B U Y Q S C B D E S E M
B I S X U N S H B D G T L P X A E U T F P C R
P N M I S O I Z J P V U Q Q E V U C G Y E R E
E U A S L C V P O G N R E T R E D D T N R E V
G M R E K T A O Y J H P D E W D E O U A E T W
D F V S S U R W C C Q A S H A A N V E I D S Q
I Y E W F R M F Y O R E Y J P D O E L D F I K
R W L E H N I W G K R J E I G C D K A I Z O A
B V O J V A N N N P R P R C O V N S C R M L E
P X U B E L T E C Q I A F F R S A Z S I V C R
O P S G V H S D U X T L R A V J B L X J G P W
I N J O J S U C H E O X X E I D A K A Z C J H
```

EXQUISITE	CASTELLATED	PEGASUS
ABANDONED	GHOUL	REVELATION
WREAK	MALICIOUS	NOCTURNAL
MARVELOUS	DARKNESS	LEVY
WINGS	VERMIN	WHISPERED
BRIDGE	PIRATE	CLOISTER
TEACHINGS	TALES	PRESERVE
SCALE	VARMINT	IRIDIAN

```
G S Y P E G B I S F T K V Y B K M L Z F L S A
P W Z G I X L J J L U E N N O I T A N I G A M I
Z Z J P P U J D E T M O U O I S M M R B G H T
Y K C A T T A O G Z P I W X O S A S U G D B Q
Y Y D E X E I T L Q E P W Y N E Z U I S R U X
R P C L G S Y L U G S M J X E S I O N U Z A E
N U L A Y C L C V L T A N D T S N I L O E P W
G P V T W F H P I Y U H A X T O G D I E K U E
Q A U Y X R T Y D W O C X Z I P J N N D O H D
R C U R R E N T I R U T N P B I J E C I O E E
X D B I F R M N R E S C A P A D E C I H P S L
F M W A B E D X V I O R W K J M H N N R P N R
H F M F T S A P R J F E R W B O P I E G E T C
G M U X R G N V S G U A M E R Q N S R O N R K
H E Y K P V N V I W M L G S I R S H A W G O U
V H P Y L G O R E I H M Q Z A I R R T Y B D T
M U L T I P L I C A T I O N V V E F E R O F N
A B W W X I C E C E K F Z E M O M V X M L W S
```

IMAGINATION	RUIN	MULTIPLICATION
TEMPESTUOUS	WYRM	WINDS
CHAMPION	MARK	ATTACK
FAIRYTALE	ESCAPADE	RAVAGE
HIEROGLYPH	REALM	DEPRESSIVE
DIVULGE	CURRENT	POSSESS
AMAZING	TROD	INCINERATE
BITTEN	HIDEOUS	INCENDIOUS

```
X O J P N W Q D U S S E L E M I T Q I H C I G
Q M V B J X S E Q S P I R I T O V Q M S P F I
J I C A J V C L N M H K L L J L W C C Q F Y A
A N N N S D B A J S S C V H L M G A F T N M S
D C Z D A N Y E M G T S R U B T U O H C E U E
Z O K A V B J C H I J U O F T T V U E A O X G
P E Z G A X F N V X J C C V B M P B D R I W N
T G T E G E E O S T X E D X G R N O E S E S I
T K H E E R J C J I H N Y M P H W D T C P K M
S A F E G U A R D X D M R A Z S N E R I G L L
H M X E M P I Z M B R Q A L V U N U T G U B E
T I Y P F T V I S O N W C L H T O E F T P E H
J J P S N R U R T S W Z B T U S C I P E E Q W
F U X F T O X S N B M R P N L B F Q O Y W U R
K U Y F T I L S F O R S A K E N E Q C M O E E
C T B P R I C B W I O B P O U H I N E S L A V
R D R T A A N I P S E L A T B C M D C U G T O
M E C H K M Y D V T L D L M K V H Z J P C H T
```

SOURCE	CONCEALED	GLOW
NYMPH	TIMELESS	HAILSTORM
EPIC	BANDAGE	SAVAGE
MEADOWS	TALESPIN	FRAY
SPIRIT	SPITE	OUTBURST
SAFEGUARD	MYSTIC	OVERWHELMING
EXISTENT	BEQUEATH	NEBULA
THUNDEROUS	FORSAKEN	ERUPT

Puzzle # 39

```
R C P S D G B P Y I K A H Y M S H J D M R D K
Z N W N O A H F S W Y M B S W E B J I D K O W
I X F E O M I L W N A P C L D K N S N M R E E
T D F M L P S E N T I N E L S A Z W C W W C V
B W I O F P O T I O N S G E H L L W E I D N I
E N O I T I R A P P A Z U O R F Q I P S F E T
O T H E R W O R L D L Y A F N C F L T T E C A
T E P L J V I S I O N O R A J L K P I F Z S N
S E Z W M A D P Z D K Q D X Y I M O O U X E I
K P G R U T H L E S S L I G Y R U K N L F N G
R H E Q M U G B M N F U A P T E W F C X F I A
M H U N D H R Y U R Q D N Z J P B K P R U M M
A T M D S F X J D J D I S C O V E R Y T S U I
M Z E N B E I I S N F Q P B K P R R D Q Y L N
M E D M J Z R B B M L P I U A K K A Y Y G V N
O C B Q O A I I W Z U Q R K E Y K C E H C U L
T B H L Q O E P A I M Z I C M F E A S T P S O
H S D F B L N Q L N E W T F A N T A S T I C Q
```

FANTASTIC	SENTINELS	CHECKY
MOON	IMAGINATIVE	POTIONS
FLOOD	MAMMOTH	RUTHLESS
DISCOVERY	VISION	FLUME
OMENS	WISTFUL	OTHERWORLDLY
LUMINESCENCE	FEAST	APPARITION
INCEPTION	CREEPY	SPENSERIAN
PERIL	GUARDIANSPIRIT	FLAKES

Puzzle # 40

```
N W W E U M A L R H U U J Y D Z J T I Y W K Y
Q M X M N I G H T Q N Y T T O Y N J P L T R P
T A S U V Z Q U H L C X E T Z G T R R H W M Z
F W U J Z S D T E N G W S U L T S M J O J Q T
O D O W T W F A A Z H X U N W H I F D W P G X
G U G I R C S M T U B M M K G S L E W O B Q W
B Y N T J H O D L A D Z K G Y T I S Z L P O E
G M O D E R R U I N S W L X A A T D Z U S R N
W T M D Y Q D N U O S E R D Q M E V N B J E L
M S U P L U W C N O S I R P V E R X O R R D K
D A H A U Q W Y G A H D S E M R G W I E E L J
A P M S T E R N G K T W R I T H E M P E E U O
P U G L O R I O U S A B E C E B L S M Z N O L
P B R I P T I D E B W N M X C F L E A E S B W
L A T N E M A N R O S O Q Q A X A R H W O D L
I Q R E M A L F N E J J V I Z Q N S C X N O O
R D Z K L Y G C O X Y Z U D N G P X H D Z K S
D R O C P Q D R C B L G N X S S E L H T U R E
```

PAST	BOWELS	RUINS
BOULDER	GLORIOUS	UNLEASHED
RESOUND	STERN	TAMER
ORNAMENTAL	ALLEGRETILIST	WRITHE
RIPTIDE	SNEER	BREEZE
PRISON	NIGHT	HUMONGOUS
SWATHS	DOWRY	CHAMPION
PYROMANCY	RUTHLESS	ENFLAME

Puzzle # 41

```
R N B R O C L P U L S A R L V N V C T H D Z G
L O L E H S A G A S L L J V T X V E R L L G V
Y I E T X Z J L F U B L I I H G R S V B G M J
A R G A W P X Z B B L U R G N R K C R F P X E
Y D E W T E L E P O R T Y R I X O H C E U L K
C Z N F C X V O E C C L O F I S Z K I L X N Y
H Z D K D Q F I Q I B C Y N Y W I A R J K R I
H X R K F U A A W M Y N F Y C F A T G A Q O S
Q S Y O T A B F Q E R E J I T T I R E Z M H S
Z Z U G V W U R C D R R P C Q X B O I M L A E
L I K B I K L M J N D H E T Q N B C M A S S L
Y O Z N M V O K A A I D Z A M C D I D I F X E
I I G L S A U L X P T M P Y O R E T W Z Q X G
M S D O W Q S P E J J X M E A A H Y L M X A A
D A L K O S P L E N D I F E R O U S P Q S E P
V Y L Z R D W F A N T A S T I C A L T K R V M
V M Y U D Y I L D H K P I A S W O V P L B N V
M A E L A H W J K X Y I I G P T Q P Z B N E G
```

HORN	PANDEMIC	AGELESS
AMBUSH	YORE	PLOT
ATROCITY	WINGS	FABULOUS
SAGAS	MARK	WHALE
JINX	SPLENDIFEROUS	LEGENDRY
ECHO	TERRIFY	PULSAR
FANTASTICAL	SWORD	TELEPORT
INFERNAL	WATER	SIGILS

Puzzle # 42

```
E L B A V E I L E B D N C E P P G W E F Q L G
H A L D Z P I R J R M P J A R K L C V B V G Z
S A A Q I R J X O E R O L Z O I I F P V E N T
N G C M R B H W C Q B H I S P A S P W N T I S
O N I B U V N I G G Y K Q Y H J T U B A P L P
I I T N Z I L L T N Q K Q N E S E B N N U K Y
T M S O N F Y U K N I S X H C B N M K T R C H
A L A G H L U F M E T T Y V Y C I B C E R A X
N E T R I M O D L K F I A X Z J N E G C O R A
I H N O Z E A A G A I X D N H N G S S H C C Q
G W A G H M C E I S R Q I S I V I B R A T E Z
A R F Y E O I R M R D U O L Q C Y P P M Q M B
M E E V Y I O D Y O W X F U K H S G F B X J Q
I V I T J R R J M F O Q D A T X C A Q E X B F
S O M O S S E J C Q N H N N U W L X F R T S K
C G A L U N H B U W S M A B G L I Z P S K L X
X S Y G O L O H T Y M F L T V Y D T P P W V W
M P T G X R B M F C N O M M U S A L V Z N C Q
```

LAND	OUTWIT	SUMMON
FORSAKEN	IMAGINATION	MYTHOLOGY
DREADFUL	DROWNING	BELIEVABLE
LORE	CORRUPT	ANTECHAMBER
MONSTER	FASCINATING	CRACKLING
PROPHECY	GORGON	GLISTENING
FANTASTICAL	VIBRATE	SNOWDRIFT
OVERWHELMING	HEROIC	MEMOIRS

```
Q S U K A Z W A F G I L C H F L Y A Q L O R R
T R B I F V X H J T N H V N T Y X B K A V N S
T T A P F Z X X O M U I J Z L R Y X B B T C U
E N Z S V P D G U G O E T W Q U A A Y I X S C
V I E I X I T U O J I S K A O B W U I N H B J
T A F P Z C S S C R A I P E T P Y M M N A E Y
X T L G R R A Y H F U R V G M S F S N A I T R
D I U Q S E C S E L A T E X N O A C T C T Q F
S G I E J U S K X N W X L O P C O V C C X I U
E H D D L W E T A M I T L U W M I R E C Y W C
A W N L A G H D M S U R E B R E C R W D F E D
R G A E I A J Y T G N I N N U T S X K H I K Y
C T L I R I S U C U E P C U P I L T J O R T Z
H C Y H H T A E R B N Y C R D P J F A R T G K
E I R S I B S J A A J H W O Y D D N Z R E B S
R R I C E J B O O S I K W C H J Q J M I P H I
J C A U W J V N R L K L P K Y P U F P F L D L
G L F L K A E M L O Z L U E L U D E J Y S Q W
```

MYSTICAL	ULTIMATE	MOOR
ROAR	STUNNING	HORRIFY
PETRIFY	CANNIBAL	BREATH
RISE	SHIELD	TRAUMATIC
ROCK	SEARCHER	TALES
CHILL	CERBERUS	SERPENT
FAIRYLAND	ELUDE	DEVASTATING
SQUID	LAIR	CAST

Puzzle # 44

```
P D Q T B T D R X E U Y L P D P R R X N Y G V
X J I Y H H J J S A T Z B Z E L T H G I L F O
S A U U Y N N U S I S I R G E T N I H P B T W
K K U D Q L E R Q U S K D L V H O L T E L N D
K F C F N S E X O H H E L X Z O P P O H L F E
M B R U O M A L G L H D I S C O V E R Y E V M
U V W X H I H Z P A G E R B A C A M R N A S M
G K C Y R A L H A R R O W Y I Z V E Q W D O C
Y Y S I D R S U O I R T S U L L I Y I R D C S
L K D P X C P Z N Z R E S T L E S S O S J X U
S E Z B A Y M G G A D V Z R G D Y T I D D O G
I B B L J R I I V Q R N Z S A Y I W I A H V S
H J J O Z X K F E F A I R Y T A L E R C O H S
T S D T U V H L X Y T F A R C H A S E N E A P
Y C U L B L G L E I Y U U S W W O L L A H O T
W J E L F F D P U L S A R G N I T N A H C N E
Q G H J V F O E H C A K M C U D L H N V Z S I
E T M A X P A Y R Y T H Z J I Q S Q W R E G X
```

DISCOVERY	CRAFTY	ODDITY
HARROW	LUSH	SPARKLE
RESTLESS	SQUID	WISDOM
ENCHANTING	LUNAR	GLAMOUR
FLIGHT	ILLUSTRIOUS	SUNNY
INTEGRIS	WAVE	CHASE
FAIRYTALE	RIDE	MACABRE
BOULDER	PULSAR	HALLOW

Puzzle # 45

```
K H P B K I P V J G M I C O W V H Z G D C C R
F F D K U V O N E X Y H N C G I I E K W E E R
J C I J A N B E G Z B W U O R R M X D U S N C
M Q P E M A X L K Y A Y G V F E M S L L G T I
V O F T R A H L E Q F R J O T M O S D J R A N
P Q A Z M C Q A C A X F G O F A R J C F E U E
Z B B O V Y E F C K B O G E Y T T H V D A R L
J D U W I K C T J U L C L U B Y A W H B T V U
S H L U B S I J I G I P N Q N N L G G J K I C
D U U I C B P N D Y O T O G T T I H P S F C T
D E S B X M O M B K Y S I G O C T G N W X I A
Q Z V Z L Z R S W A L C T C V U Y U Y U T O B
A U P O B E T R Q K M L A I D E S P I T E U L
T W I K U K E J V Y B S N C O L O S S A L S E
A X J C I R Q R T C H G I C O S I J D C E X L
W O R C B K I O I W C Q V P S M Z V W C S D L
M T A X H E F N F N E E I Z A F A I R I E S G
G Q B P V Z M U G G G F D Z D K V H H S Q Q G
```

TROPIC	DESPITE	CHANT
FIERCE	BOGEY	GRAZE
GREAT	FAIRIES	SKY
FABULUS	LEERING	DIVINATION
CLUB	IMMORTALITY	DEVOURING
VICIOUS	ORC	TAMER
FACT	INELUCTABLE	COLOSSAL
CENTAUR	CLAWS	FALLEN

Puzzle # 46

```
R Q L C W O P S W E I R X Q O L F I U G G S Q
Q G R N A T U W J Y E G N U P X E V Y M O J T
O O Q E E S B G C H M O I I P Y C E P Y N N L
J X P B S J Y V U S N G J F T J I R H U I W D
P D P O D F Z Q D D I E S F I S N N E Y G U N
Z L L B R F M E E E N H G I C H D A O P I B A
C O P J O Z B U L L B Z V F I X E C G J R H L
C G Q Y L W M R I F T D Q I L T R U T H O Y R
D D U V R A Q I E F I X G G E X L L R A E H E
B I E G E E Q K V U D W U H E N V A V E R X D
R P S R V N T E Q M V E V T T E D R F V U G N
D S T R O Y Q I I Y G Y C S U I I M N G J X O
Z S S D L I I Q C S R S J N A B H Q F O N X W
D L K G E N O R M O U S D N I C F W M W O Y H
Y K N O W L E D G E W H T A R V K X W Q C S I
W M Q L B Y O P B I B K W E B C N A T W X O D
B L O O D C U R D L I N G V L R T O V L J K E
W E V E R L A S T I N G A T T A C K C S I Y F
```

ORIGIN	OVERLORD	COLOSSUS
CINDER	RADIANT	VEILED
EVER-LASTING	ORC	HIDE
STREAM	MUFFLED	EXPUNGE
ENORMOUS	CONVINCED	VERNACULAR
QUESTS	CONJURE	ELICIT
WONDERLAND	FIGHTS	BLOOD-CURDLING
ATTACK	KNOWLEDGE	PYRETIC

```
H Y U V C D E T A N O S E R R H E L O X O Z C
Y O K E A S N O I T C U R T S E D C S T E A N
B Y R F M N M L A B M E F E I E Q S N F M R O
X D I R E R S G D H K X U F L E P V J A K V T
L O A W Y V E R N L I F A G O L L X V R R D I
W H Q M C G Y E C H E E V S P B A F F C M T R
C E C H O E S H M W Q I N E O A N D L E J D T
U J T C K D A G G E R O H G R E K R Q G G N A
U B N W O D N U S T I S G S T G T E D E Y Q D
V E R M I N O E P T E H O P C D O G B I A T D
Q T S S M M R T A T M I B N O E N W U S W Q N
O S E S F S S I A N I N L F N L N I V Z F U N
A J N N A N D B U I N I I H O W C L P C V H X
Q A W B J E M V A L E N N G R O U N D E D D N
F J R N M O M Y A V N G L I D N N B E D U L E
Y V K Q C P G X C R T B Y I E K X L R O M B W
Z P Z Q B Q M O H K Y T D Z Y F Y E K E G L N
I T E H B O E W W I M A G I N A R Y B Q C I W
```

IMAGINARY	RESONATE	SHIELD
TRANCE	GOBLIN	MEDIATIONS
SUNDOWN	DESTRUCTION	WYVERN
GROUNDED	ECHOES	SIEGECRAFT
TRITON	VERMIN	NOCTROPOLIS
SHINING	COMBAT	PLANKTON
KNOWLEDGEABLE	EMINENT	ELUDE
EMBALM	DAGGER	CHARMS

Puzzle # 48

```
U P Z U I V G E D E F E Z G S J C W Q O L B Q
X X I L T A C C N B U R D E N S C R M K E X P
I E P R K N K X P H I E O Y D C I L R M R U F
Z O A H A F W S R N I I B L O O M A I S N S B
M C T I H J X N S U N R L T Y U M M I Y A F I
K R F Q A H M C M C F J H C I W T B L O E W O
D E C F V S R K H A I X J S D T G A P N A T O
D T L Z R I B R O R L T Z A G Y T C V F N X X
K E B F P I F S R V T J Q G G N T I E T G T U
I V T T D H B X R E R V X K E G D Y C X Q P S
U I I W H I M S I C A L F M J C E I O H L S I
A O C J K I I O F F T A A E H M B D L U C P I
N L H G G I Y C Y U E N M A Q O A O Z R C K E
E E M E X L C F S M R M O V H X X S E L I H D
G N F L A K E S Z O D Q B P V I Z E A M O F G
Q C I U H V U P T P U Z Z L E V C S W R Z U P
A E S J P T E O U U E D F W T H H R N N U P I
J I W N K G H N V P L K S E T P A C D E R F B
```

HORN	PHOBIC	DUEL
CARVE	ORNAMENTAL	BURDENS
HORRIFY	LERNAEAN	SCREECH
WHIMSICAL	VIOLENCE	INFILTRATE
JAGGED	REDCAP	FLAKES
TRACK	PUZZLE	DEFIANCE
BLOOM	CLASH	HEAVEN
MARK	INSCRIPTION	HOT

Puzzle # 49

```
B K A E R B E R I F T O O G H M G L T B O F J
Z K X E K A U Q H T R A E Q H N O R F G M O D
H W O N D R O U S F R O S T E T O L W U F A P
A X D V N A D Z O H C X S G I V I A L G L S T
L R O Y P E N Q G J M K M C E G A Y E U M W O
X N I Y X E V O H U Y E E N A E K C L P S Y L
Y O H J W P C O X Q Q F G D N N N K W V K G
S S A L G Y P S L D S R A T P A N S F V I F A
Z A J U L Z T O H C G N R C I D Q E N S W R A
O N O I T A N I C S A F I Y R I B L T A O U Q
C O G N G L F L F T E T M O A R C O O R R K D
W I R G W E U J K Z C C I Q T R I Q U K W E R
F P I C E V K J N A O W N M E O C A P Z T Z J
S M S E Y Y B N L H T D F I C T H B K Q A Y X
Y A L P A J C A A Z M X E V I T C E J B O D E
B H Y V G K G D G R U P R K P K L W I N G A J
O C D D O W A X I C P Y N W P E Z Y K X K H G
G T A M M S E V M L Z A O Q M O A X F N C S M
```

WONDROUS	TROVE	PRANK
EARTHQUAKE	INFERNO	MIRAGE
AURORA	OBJECTIVE	SCANNET
FASCINATION	GALACTIC	CHAMPION
LEVY	PIRATE	GRISLY
FIREBREAK	FROST	CLOVEN
ENSNARE	SHADY	SPYGLASS
WING	MOLLUSK	TORRID

Puzzle # 50

```
A W Y X K U Z E G V F M N F B O N F I R E D E
Q O S Q R V S C E K W O D X G D T P Z A E K I
G U N R G W C N O B X O F O W I N S T I N C T
N Q A O G M V E M H Y L M T H I O R E K H Q A
I U I O A E R S K H U G H A I D Z X J N Y T L
R C D S P X M S Q T Q I R B N T V A Q M T P S
E Y R T M P W E H N E X G U E G W F R J Y C J
D E A A E Z T X R F X J D Y L K W T V D B B K
N Z U X I X E O S R R K X K U I D Q M M R L P
A Q G Y R A S C A L A V S M C H O A R S E Y S
W S P I R I T D P M J B L U T U Y Z F A G E Y
W P G Y K S U D C F G Z Z S A V U T I K N H R
J L T H M Y L G U Y B Q K T B A Z D F T H Q O
Y C P P J E K L P F P Z K O L W Y V I O S N G
I U S A Z U B I J B L A E N E L K N W V Q A E
U P H R X J X L Q J Y B U E L A E R E N U F L
M J Q E D I Y K C E H C N I X L X S F N H V L
X T O S E Y D G B J T J C J S B G G V D W D A
```

IDYLLIC	SENTINELS	UGLY
SPIRIT	RASCAL	WIZARDRY
WANDERING	FUNEREAL	NEST
GUARDIANS	BONFIRE	CHECKY
STONE	THIEF	DUSKY
HOARSE	SERAPH	ROOST
PIXIE	ALLEGORY	INELUCTABLE
GLOOM	INSTINCT	ESSENCE

Puzzle # 51

J B S H W R U X R M Y D K N M T K T E V N M C
C X S A C Z P W G C G U V B D G F C P Q W W S
U D T N A D R E V N F P O K P Y L W O U M W T
N Q H J Q H D A I G T R A I L U I R F A R K R
N J E I I J G P Q U H Y J G N I C H K D D E E
I A K P K L P M R E T N U H L K K W C C J C A
N E X F L A E E E B G H Q M I W E B I I A K M
G T S V R O T W U R S U O I C O R T A Q O F Q
A Y T W R W T L X N U L A C I G O L O H T Y M
D O A L F U C L B J E S A C M D O W R Y N R R
O I L C C O N T A M I N A T E O D L A C H I M
D L K Q E C N E L O I V S E O Y A D G P L S Y
E E W H I R L W I N D H Q D R O E N O I K Q S
T C D W S N C R V N K W K W F T Y T U E T N N
F X K A R G V S N G S Z P X S S Q P I T O J T
E M L K H C N A G N I N T H G I L V O O I C R
J K U V E S T A I C H E A W Z V X N K E S G P
F K K O B T N I F Q A D E E A Q F S C X N X H

MYTHOLOGICAL	FLICKER	CUNNING
STALK	TRAIL	DOWRY
PLOT	ATROCIOUS	TREASURE
STREAM	VIOLENCE	YETI
CLUB	NOOKS	WHIRLWIND
LIGHTNING	WRAPPING	FANGS
VERDANT	SHADED	CONTAMINATE
MOAN	HUNTER	ERUPT

Puzzle # 52

```
R C O E Q E C N E G R E M E M O R E E N Q W C
C O M B A T E M M Y E L B A E G D E L W O N K
Z F U K S S L F Z L T G A V R Y F S L B K H E
I I N I U T B V K K G N V A R M I N T A O Y E
D J H C R U I S O S F W A S N E D R U B T N D
C R I F P N T V O I Y O J H L C J S T E Y E Y
P D V J A N S D H V H O X S C T Z K N N O T D
B R Z I S I I N H C L M S P S N A Z P I U N A
P C M B S N S B U D Y K S N T N E X X A V O N
Y E W Y Y G E O E F Q C O S A M I D E E Q C N
W S W L S R R N D H Y I E D E L L B U K L M O
J C G M K T R R E T T U L F P N M O N O S T T
M T R O A M I N G C Q Y F J P A T H W A Y Y A
Z F J X N S K F I Q T S U B M O C N Z R D M T
J L N B W N V L Y P E N T A G R A M I R G N I
K E I X Z J F U E F F C W K F D M P O A C T O
P U L B E F H F L X K J R R M V F O Q T U A N
W V M X A K N B H Y K Y H O N X P S H S R Q S
```

BEAUTY	PATHWAY	FLUTTER
KNOWLEDGEABLE	OLDEN	BURDENS
AFFLICTION	ROAMING	IRRESISTIBLE
ENCHANT	SURPASS	NOBLE
VARMINT	STUNNING	RELATE
ANNOTATIONS	AMID	QUEST
EMERGENCE	MYSTIFY	COMBAT
PENTAGRAM	QUAINTNESS	COMBUST

```
D J H U V K E Y K Y X L E V R A M Z U C W U H
N I Q R G Y N N M C D E O F M H X B W N O S C
A I N C W T E Z M Z M T M Q D I F Q L A L F W
T I T F I H Z I J F L P N B T F J U R D F P L
Q J D C O B N A R N P M Q A O L F X E U G Q X
Q R K R U R K I S E J T A R H E N W T N P X T
H L G D X S M T Z R A I D E L C I T N G U M D
E R A R L S L E U T H F Y I L I N F U E Z E I
D W N E S L F C D Y A J U K Z G D E H O G P V
N J H V P R O W L N E G N R F H O I B N L E
B X V E R I I X S Q T O M N R B R Y T J A P F
I H D L E K D R I Y V T N A N G I L A M R Z K
J Q X A B W A L L S L I G H T N I N G W E C O
B Q G T M X F P T B R V P O I U Y M K W T U K
E Q P I E T U T E C E C S E D N A C N I X T F
O K R O T I I C S K J M W S K B I T T E N M E
L X F N O I T C I L F F A R U M O R B C I E W
Z R D L W Y C A G E L O Y T C K Z Y D F D C U
```

ENCHANT	INCANDESCE	GUILEFUL
BITTEN	MARVEL	GLARE
LIGHTNING	DUNGEON	INFORMED
DAWN	REVELATION	SLEUTH
IMP	LEGACY	MALIGNANT
GLEAM	PROWL	EMBER
FAERIE	RUMOR	AFFLICTION
TICKLE	HUNTER	WALLS

Puzzle # 54

```
B J A S U W J H O S Y C A R I P S N O C E R S
C G F U T R E R V L V K S U I F A C T K N P B
R G T C A V E R N D L G B Y E E F U T D A H V
E U C J H S T W J L M I X D F N P Z A T O Y T
P N M L N L I B I B P O T X L O O A H Q Q K M
O A V S U N S U H G D V K S O F E G V J C S I
S U E J G I P X E L B I T S I S E R R I R U S
I G R A U T H E N T I C I T Y D J R T X E O C
T P N L O R N Z J Q N G Z E V N S S D G A E H
O I A G Y N C L A M O R K R J O C E Q Q T N I
R F C F L O V E L Y P T Q U H I L A R M E A E
Y U U I E D Y W S U H O D P W T I P W E O R F
N S L P J A Z Q F I O P Z T L C M E I N N R Y
E V A J Y W R R I D E T X W W I B W L L T E D
T B R Y O V Y L A V N U A C R P I X U W Y T P
T E L B A R O M E M I I T Y E E N F A X N B L
I Y R N C U T X V S X W K F U D G S Z U O U D
B W O Q F Z A X G N S R M H A U N T P X B S A
```

SERENE	CLAMOR	DISTILL
HAUNT	AUTHENTICITY	PATH
CREATE	BITTEN	CAVERN
LOVELY	REPOSITORY	SUBTERRANEOUS
PHOENIX	IRRESISTIBLE	VERNACULAR
FEARLESS	WING	MISCHIEF
MEMORABLE	DEPICTION	CLIMBING
CONSPIRACY	FACT	ERUPT

Puzzle # 55

```
A J Z J H S G J U C X M S V Q U E D Q B D I W
R F Z Q Q W V H B K G Z J F G T I D A L H L Q
E F W D A H O L D B O E L R W X I Y A W X S E
S E Z T E T R W Y H K R O M E R T W Y C D N C
T H C U T S J Q N D A U C X B M K K E B S H C
L H L M T P E A S P N E J W O D A H S P R A X
E L H D E L Q J P D G I A L L U R E M E N T C
S D Q P U G J P E A N D Y A W L L A H B C Y R
S E L O O S D D I X I O V C I D A M O N W R R
Y A M D H U H L A T A V F O K V T Q V B O A V
A R L S L W O A B X L C X R B K D D U C U N S
I U C P I F W M P J Q V A F N V K O G I N I A
J J T C S X W Y P E D P B A W A Y I X S D G K
T E N N A C S L D L S W F F J L R U W R N A N
W W D E P U R D A U Q H P A B I O R A T E M T
N E K A S R O F K R F V I K E A M U L N R I N
I V Z C D X E D E J L C A F G N B P E D G Y G
D I T G H A R T T A L E K X T T E D I J S N U
```

IMAGINARY	CRY	TREMOR
SHADOW	FOLIAGE	HOLD
RESTLESS	SHAPESHIFT	GROUNDED
TALE	SILHOUETTE	CASCADE
FORSAKEN	VALIANT	WATCH
NOMADIC	WOUND	JINX
SPARK	HALLWAY	SCANNET
QUADRUPED	ALLUREMENT	ORATE

```
R S F T S V Y P A F C V D C W Q I G S G E M G
A P L W V W N P J D T M H Y S X J B K S J O R
D A A C I O I M N I E M X O X U P X L U B E A
I R S F H X X I V S S E L E C I R P I O O V V
A K H N R A L U C A N R E V Y D C G E I T U E
N I F Y R P Y Q E P T R J Z Y M Z T X R J N N
C N O I T A C I L P I T L U M Q A S D T U M O
E G M C S T U S U E O S A D J M Q V C S O Q U
F V S D R O N B O A G E O A I W K C V U P O S
P H M H N E Q O A R T G M T L Z L V D L X J E
Q A Z S A I E C I J T A L A L A G D S L M E B
E U F G U D X P V T S U J L M S N X F I Z K X
C N F C V O O E K C A R T I I G Z R Z Q S K P
P T I O H S I W K I C L A K X E Z J E O U M P
D I M P L A E R S E T G E C F X V G Q F C X S
N N N J S V R H U H U B Z V N W O N X T N R I
I G P D M O Q O G F O J N J E K M U G N E I M
V E Z V H W L M M I P S E L G R Y H N U G Z X
```

AGES	REVELATION	ULTIMATE
LAMIA	OUTCAST	SHADOWS
FLASH	MULTIPLICATION	VEIL
PRICELESS	DATA	DISAPPEAR
SPINE	CREEP	VERNACULAR
SPARKING	IMP	RAVENOUS
ILLUSTRIOUS	TRACK	RADIANCE
FURIOUS	INFERNAL	HAUNTING

V P H U X Q M T P B I L Y M P I M H G B B D G
Q Q J X D E L I A T E V O D M E O N M T T Y N
X J K N N Y U Z T S O K S N O U P V E F N E X
T P Y R L A U R A R A C A P T U R E M T Y H W
H J Y A C A Y Y E U H G C K S O C F Q J S J Y
Q N G U W P D G E U L W B S C O R C H I N G Y
H A M A V G N T B S B A N S H E E U N S R R W
K F K X V U I J B S W B I T T E N M U L Q A D
A E Q J H P B O D O I W H M C T J Z B U X D S
N L V D S W W R R L H U C A H W U U T F P I J
G U H E C R A C K L I N G E A A V M F H M A L
Q R D K G Y E U R O V M Y T R L I A I T Y N U
L K T W E L G S Y K E A S O R C N X T A M T B
U B C V G G Q I T H A Q L F H O C Z L E R Y A I
L P A A I N I M D T T H Z F W E U X O W W H B
F R T D S R J O P B Y J I M M O R T A L I T Y
G S N O U E W Q W S U M W T N T C H S D O B U
C A M P W S O E V R E N N U Q K V Y G K V I Z

PURITY	DESPITE	BANSHEE
CAPTURE	RADIANT	MYTHS
KOLLOSS	NETS	HARROW
AWAKEN	DOVETAILED	GRAVEYARD
STOMP	LURK	SCORCHING
BITTEN	GLIMPSE	HUNGER
MEADOWS	CRACKLING	UNNERVE
WRATHFUL	IMMORTALITY	AURA

Puzzle # 58

```
L J F I U Z P O R D I N A R Y R D L I A J V U
Z A I B F S U B T E R R A N E O U S E B Y G B
X W E Z X T U X O L Y F U S B J J U P M D D Z
P D V R E V P V Q E E G E I S F S Y T K S N I
H R H M N V B V W F N W W B M R E A R B X A Y
U O S Q P U V H L I T A U E U B D Y H O J L G
N I F U C K T X S N N R L P G T S G T A G R V
G R O Y R M O O H E P O K W N W L F A B L E S
E E A Z R Y P U Y M G Q W J Y R I D B E D D X
R P O N S M G N M E R M A I D G U S G P A N P
X U R B I F S G N I D N U O R R U S D R N O G
L S W O N D E R F U L M T I T A N N Z O H W V
G Q G X Q X W U Q H L G A X D A F F T B M Y I
P Y R E R U T A N V D G D X P R P P Y G R M W J
E J O S F E Z P G U F U J M A G N I T U D E F
G H W T X R J N Q R C N Q T W A Q V I T F R E
V B L K J Y S I A R E A L I T Y S A X M U S J
K V A W E P V E H L I G H T N I N G R S Z J Z
```

WONDERFUL	NATURE	MERMAID
HUNGER	REALITY	LIGHTNING
MAGNITUDE	GORY	HUG
SURROUNDINGS	SUBTERRANEOUS	GOLEM
PURSUE	ORDINARY	FABLES
IMPOSING	SIEGE	GROWL
WONDERLAND	SUPERIOR	TITAN
PYRE	WISDOM	UNREAL

Puzzle # 59

```
Y K M M O Y S A K F J O R F Q Z B P E H Y E Q
F Z H W B R V Z N K R J I I B H N L C X B R Y
K N A V E O F M L F O M E N S Z F E F F B B O
W I N D Y T A F J T L F Q N W B E X U R T S F
J W O S O S E H X M S A N W R L C P U U O I I
D I D Z I I W A I U J F T S E U Q T Q B K K U
G W C Q N H R X N H F I S H E R I D T Q E S X
I S U O N E V A R N Z L G H O S M P W F N X G
V M A L I C I O U S A F J X H R V Q Q T S C Q
U Z Z H Q L V F K I P L Y Z V Y Y J B M R Y B
E J M E L O G Q F J G R S L O K L U X Y A E C
E S N O I T A I R U F N I E L H L T P A G X B
T R V O R X G N Y A T M I E R C O T L I G E U
P P F W L T N I M T E H Q R M T Q J N E O X L
S V Q S T F A L S K W P K Q A L E N A R M S K
P E S T I L E N C E S E P H X L I S I G F E Y
L U M I N E S C E N T W M A C N G D N P U C O
J E X W R E M M I H S A W A G B C L B O C W Q
```

HISTORY	GLARING	FISHER
CRYPT	LUMINESCENT	INFURIATION
WINDY	MALICIOUS	PESTILENCE
BEGINNING	ANNALS	GOLEM
CLUB	QUEST	TOKENS
SHIMMER	RAVENOUS	LEECH
ONSET	APPEAR	OMENS
BRUTISH	KNAVE	MELT

Puzzle # 60

```
V Y Z F I R E B R E A K W D L Y S E U N J N P
G D Y P H G Q N W Q N V I A N T S L H H W F U
D B T H G I L B C G L S C R E I D R F S B Y E
D N A L Y R I A F U A I T W U C J I O H T C T
B L I U F L O Z F S T Z I D L O E H O L N W Y
T H N O J N D E T S N X H L D R N W R E O P C
H U T S L G T R Y Y O O F K K T P R L M D G J
G A R S O A O M Q B I C V O F A Z O C I N O S
I T I Q R U V U A R T R O X Z W I F P S F A G
L W C G S R O W Z S C B A V R V X L L Z X D N
H H A G M L M I R S E K J T E Y U M G A T N G
C I T N Y I U J O G F S S C E N E R Y G H A R
R S E P K E W P M G N R Z L P Z D M G S X W I
A D H E S C A X A O I U Q E C X Q D R D A N M
E F D U S O N U N W Y V E R N N G U B A R B O
S Q B N O I T A C I L P I T L U M U K Q L C I
C T R A I P S E E P G K E V N S M I B W H A R
O L X D Y F O T K O T D M C O N B D F M B Y E
```

MYSTICAL	MULTIPLICATION	WANDA
SKY	SCENERY	ROMANCE
ROOF	GRIMOIRE	TRAIPSE
GRATEFUL	FIREBREAK	DISASTROUS
SEARCHLIGHT	FAIRYLAND	VIOLENCE
WHIRL	ATROCITY	WYVERN
SONIC	ALARM	INFECTION
COVEN	BLIGHT	INTRICATE

Puzzle # 61

```
X Z T P X A V H F F Y T C Q E M T Y W F B J R
A M G R S Z F L F V J G Q W N T A X J I H O X
C J O F T A Y T D E G E A A L R S R G W N M Y
E B Q W A J O M M G C X W R O N X A I N L P R
X B M E G A V A R A Y P S L B L H Y C T V Y P
J Q J A X K C M H L F E J O F Q G N V X I P T
C X F Q P F P K A F M D G R A T E F U L A M F
P C N P X L C L M U Q I C D U A E K I S L R E
E F N S E T E A N O I T A C I F I T S U J J S
R E P T I L E L T M M I K N O I S S E R G G A
Q M A B Q Y G C S A A O I L L U S T R I O U S
I K L J B Z X L L Y C Q N O R N A M E N T A L H
X A U G L A W A X Z W O D A H S I H C T I P H
U S C W I L X M T P S T N U O C C A O J W A S
E S A E S A N O C T B Z K I U V B U O I M D I
M O R W S G N R B I S D E V A S T A T I N G J
T J D Y L E N O L C Y C U A J T T C X C J X N
V X O Z N Y Q C J H R U M O R L H F X L W Q Q
```

GRATEFUL	CLAMOR	WARLORD
MARITIME	DRACULA	ACCOUNTS
BLISS	REPTILE	WITCH
ORNAMENTAL	PITCH	CAMOUFLAGE
MAPLE	SHADOW	EXPEDITION
AGGRESSION	RAVAGE	JUSTIFICATION
ILLUSTRIOUS	RUMOR	GALAXY
DEVASTATING	CASTE	CYCLONE

```
V V T A S B Z O T E M I A Q J G T K Y T Y Y C
N L O O P L R I H W V V T T R G N A Q Z P C X
X E D H H O E M D E W I P L T T U I M I B S Y
S U D Y S X R O A G C A T I F I R I Y L Z Z Q
O L X D J C F G M R Q C J A N Q B G L R L P H
R H U N E F Z L E S G R Y N T E L E E C E L
K Q M O D S Y X E S J C R W D I E V N O F M B
V I Y I Z W O T K S E A T S E J G G A M I U L
L Q V N T E B H F G N R T D F X I A R N H N L
K Y V I T G F R E I D D C B R U H N M I K P P
K B R M X A H I D Q Q L E T I S B T N I S M E
W E E P U Z R S R B O B G I V G F A L C O N L Y
Y Y V M E I O J W N U E L I H X D A V V H R C
R F T A O A S M H I H Y N V T S S E L D N I M
Z G B O R I C P L S Z T I I E V L S E Y E D J
W N P T A H B I S E T Y Y D N O T K N A L P T
W Y X Q G G N I R E E L E M Y F J X J V W H C
X E U O H G W N L E Z E E R B G Z H J G L S E
```

MYTH	SIEGECRAFT	INTEGRIS
WHIRLPOOL	VIVID	EGRESS
LEERING	FRIGHTEN	KNAVE
EXTRAORDINARY	GUILEFUL	BIOME
PLANKTON	BEGUILING	CRYING
FALCON	SUDDEN	RAGE
IMAGINATIVE	EYES	MINDLESS
DJINN	MINION	BREEZE

Puzzle # 63

```
O U T B M E Q L I N B G L A Z E C M O T O Z G
M D N E S W O D A H S X S L L A W X L I Q Z I
X W O O D S Y M N F F L O W E R E W I P C V S
U Y H I G T V K Z R F T J Z Y O Q K X V P E H
O Q C L P O P H F E L D M O W E Y D B B J Y R
T K P N Z O B S C U R E N Z O Y M S G F Q J O
Q C G S S I L B W I N T E R S C A P E U E B U
H A U M A R V E L R M B I F N K G S M M T R D
U S O U E P W N Y Q A P T D G M I E V E E F
Y N D H N Z U G R M S G E H L D S G B M Y A M
R A V E O U Y R A N I D R O A R T X E T S T W
O R H R T F Y S F O N D H R G M E O I U Z H H
D D E C S H R Q O U E X J R T N R S G A K L E
G H L U M N A B O P S I M M O R T A L H D G D
Z U W L I T O B N E H Y A W A E D I H E A M J
S R P E R L S F T H G I L H C R A E S V K J V
H L A A B L B R W B I A S J M G K V A A D R J
A P E N G N I L B M U R P T J F W S I T W U C
```

EXTRAORDINARY	BLISS	HERCULEAN
BREATH	MARVEL	WALLS
OBSCURE	SEARCHLIGHT	WEREWOLF
MAGISTER	SHADOWS	SOPHIST
SAVAGE	RANSACK	BOUNDED
SHROUD	RUMBLING	HIDEAWAY
WOODS	WINTERSCAPE	BRIMSTONE
SOAR	IMMORTAL	GLAZE

Puzzle # 64

```
A D F L E V S C R Y D A S F E F V A D H V P H
O A J G D M A W R G F I C E N L Y M I J B Z A
X M S G F G B Z E W E I N E G A Y L I O F T A
Y H N L L O O R G A T Y I Y T M L L S N U X N
R G A E M Q T C A I U R U V H E U J J E I L C
B S A M I E E X N C Z J H P G C R B M B J O I
H M Z L C J U G R F E B O Q I S D P S S O G N
I I J P D N R I A J G M S P N M R A W S U S T
N N W T E E L F C E B A E G R U S Q S F S T I
C E V I P H R O O F A X G B N V P B I G T R M
E L B B U H F M N O D R T Z J T O J W M Q B I
N U A K R K O Z X X B P F G H W L X R H L E D
D C S C S V N E D E C B C J Y G I X E A E N A
I T I Q U X H U N S P L E N D I F E R O U S T
A A L E I D X H H I V U H C R L D E T R D Y E
R B I G T I X U N D X I E R U T N E V W J D W
Y L S G J B K D K Y R P V W G H U H G V F T K
J E K A D E S P I T E O J P B O U N D E D J Z
```

SPLENDIFEROUS	SURGE	SABOTEUR
GENIE	EMBRACE	VENTURE
FLEET	ROOF	PHOENIX
SWARM	GLEAM	INELUCTABLE
NIGHT	FLAME	PURSUIT
FLASH	DESPITE	BASILISK
MINION	INCENDIARY	JOUST
CARNAGE	INTIMIDATE	BOUNDED

Puzzle # 65

```
Q A P K X S S W I N D L E Y B S S Q B Z T V Z
O D J C Q A G W N R Q S N F U N R U T L H Q Z
A R C H E T Y P E K D Y N J T O P Q T F S Z O
J M L Z N T Z K E C E T H Z K I V X Y G S F W
I N I O K R A H S T M L O H G T R F T L E Q H
P E D T J S H A M W R M W Q R I N P Y Y N R I
S M O R C C O N T R O L L E D D M H D Z G R R
A A A X R O Y M S T F Y F J H A Q A E V N G L
B O B C F Z F W R V N R C R T R A N N J I I P
Z N E G S E M Z D D I V R E A T I T I O L T O
D O W N J C A R R W D M M U V Y J A F E L F O
P D I U Y N K N O W L E D G E D K S N U I L L
C E T V R A S W I N G E D D R A W M O G W W H
B H C R R I C O H G N I T L O J E A C S T A E
I P H R L F W E M A L F N I A U R L E T R R Y
P R I C J E K L J I C L N J Z N Q H L R A V D
S O N V X D D E T S E R O F B W B P O L L Y X
K M G I D M Z F Q U R H F T F E S W G E K J E
```

BEWITCHING	CONFINED	FORESTED
ORC	INFORMED	WAR
SWINDLE	FRAY	SHARK
WILLINGNESS	TRADITIONS	MORPHED
WINGED	SCAMP	PHANTASMAL
ARCHETYPE	CONTROLLED	WHIRLPOOL
KNOWLEDGE	GLARE	JOLTING
DEFIANCE	HARROW	INFLAME

Puzzle # 66

```
V P S P O O K P Y O N S L X B O S W O U N D F
I V Z K L S D K W A O H E Z F M T T O X Z Q S
I R Q F H H D I V J I K O R B O B E E B O J L
F J U M P E U N J W T V C C U W O K R A M H J
F N R P S H A C W T S V V I Y T D T X X L J C
R Q W F T S X V D W A K H G R Z A Z S X O T T
V W B R T N W V E M B B R Q V T Z E S T K T H
Y E M H R O Z I W N L D L Q O T I A R W E R X
U X E G E I F L H L E G E N D R Y B W C A P S
F E M O M T E L P Y X K L V Q J B M R E X S S
I R E K E O L A C D E B E U S A B B P M E F M
W I R T N P C I V H G I O N S R E P D H S R S
R V G K D D A N N W L P Q K A P A R C A I M M
K W E X O W B I T E Y G E Y M S S T U P U C O
Y K C D U X T T E M P E S T I Y V M K C G Z K
I A X B S S U R M O U N T D Z I W G X E S Z E
U V R W S P V F A N E C R O X C U M T R I B Q
G N B F O V E R W H E L M I N G K O A V D Y O
```

CREATURES	SMOKE	BASTION
FRAY	BITE	EMERGE
DISAPPEAR	STEALTH	SPOOK
VILLAIN	LEGENDRY	OBSCURE
BRAY	WOUND	SURMOUNT
HEAVEN	TEMPEST	TREMENDOUS
VEIL	FOOTSTEPS	DISGUISE
TRICK	OVERWHELMING	POTIONS

```
X I G V P P H M P F K H S X O E S V Z F W Q I
D W O K M F E N S H T I L D O N V A H C F Y H
I M M O R T A L C Y L P M O B L R I U X L O W
N X S S E C J X F O R G E T P B X E E A W O U
H T X O L S U H P P D I V I N E O K F C N T K
Z I R A L P G O S W T X A R E M I H C N R H F
W I I F T H R F S H A A P Q U U S W L T I E T
C E P Y J C H E U R G N I B R U T S I D T R P
S V K P E S D N L Q H Z W B X P G Y N H B W X
H I N N J Y D Y Y U F N I O R D N Z G H Z O W
I S O N A E L U C R E H D N I I R I M O U R O
E C K P R H Q T X T O U H F T U R G N N A L V
L E Y H F X E B S J O T I C U F I S D R X D E
D R I A L T Q V E A P J S Z A Y R E W D H L U
I A N R H Y T S O U E Z A P L X A P D A P Y C
N T Z A G H Y Y H A P B L W L D E K X R Y W Z
G E O O T N A H C N E S I D U X H V H J J P X
Y D T H N E M G E M J S S E I S A T N A F R S
```

STORY	PERCEIVE	DIVINE
RITUAL	IMMORTAL	OTHERWORLDLY
EVISCERATE	NECROPOLIS	METEORIC
BEASTLY	DISTURBING	SWAY
HERCULEAN	UNDEAD	FRIGHT
ECHOES	FORGE	CHIMERA
FANTASIES	DISENCHANT	THUNDER
PHARAOH	INFERNO	SHIELDING

Puzzle # 68

```
F H F C L M O I W H G E Q I O M E N S V G I G
S W X J B B L S I M H N S E K O N R E F N I H
E I W O P C T W X A U H I A Q Z C F I F X E G
R E T S I N I S Q P V T I L E R U N E F T L J
D E W D S L Y Z Z L H L G R I F M W Z D C A A
L L Q C O Z R N G E E R I P O O K J I K S H S
Y D O Q M Z W U T C N S T U V Q C G D U H X T
O A F J S X O H I R S N O R D L U A C X V E I
W R C D O H D E Z L V M W Y R O T S I H V J W
Z O A K C X M L A B M E N I Z P I L L A G E I
H O S T A R S M O G H H I B Z V G E V R Q N L
H R Y S O V X Q I J J X L D T A P O T W K L V
Q S E O A R E T O Q V S N O C T R O P O L I S
S G Z N A R Y P H T U E L S Q F U D C D E X J
W E I G S K A Z Y C N A M O R Y P R E D N I C
H F S N O I L H V O M M Y T H I C A L K R D C
S O Q E E E L A C I G A M F O Y D Q Q I R L V
V D E D N U O R G R Z L H Y K T L B G S M C F
```

MYTHICAL	COSMOS	OMENS
PILLAGE	GROUNDED	DOWRY
LION	RUNE	EXHALE
MAGICAL	SINISTER	EMBALM
WIZARD	HARASS	NOCTROPOLIS
SLEUTH	PYROMANCY	CINDER
HISTORY	ORATORY	MAPLE
CAULDRON	INFERNO	COILING

Puzzle # 69

```
N Q Z L P G F R A C R T H I A Q W W B J S R S
R L L E P S S U U E X T D X R M B V O X C Z J
G V P P A Z I Q E C K U R A O B F F I L E U L
M W Y T F N Q L Y J M O C Q R P P X J S L F R
N U O S D O B S S F J E P C U N O Y I Y R E D
H K K I G E B D P K I E F D A M S T M X S A B
G S E M D G R L U Q T R J U E O S A O A A J W
N Q K E M N I N Y A Z W R P J A E I H E E X Y
G V R H E U J T T J I I V E H G S T T G J Q B
R Q C C N D D S P A J L Y C T Q S S A V M F L
U E R L T U A U F N I D I E G P I E F T L E O
E I M A W V W N R Z M E N L B R O L J E V C R
T M I A E W C A G P I R D O L B N E H I K D I
O T L D C M P M P D G N I Y Z U A C A U E X P
B B S L T I Q I G Y H E B P W Z S T L P H D A
A H O U L I A K B R T S L E E D H I T D A K K
S S B K G J J T L E Y S H E U A W H O G C L Z
T R C R I Y B I E M I D V D N X S W I N J S M
```

WILDERNESS	CELESTIA	CHASTISE
POSSESSION	DEVASTATE	TSUNAMI
ILLUSION	EMACIATE	FATHOM
MIGHTY	ALCHEMIST	SABOTEUR
BELLOW	BOAR	GUST
AURORA	ABBEY	SPELL
TERRIFY	DEPTHS	DUNGEON
DEEP	LEVIATHAN	LOST

Puzzle # 70

```
X T O G V W Q M P A D V F K E F Z B Z I N U F
Y R C Y S H N L P V Y B J D I J F E U M E S Y
C X M G Y Y R O G E L L A E R Y P Y U J A F R
S M U D X E D I Y E L H X P O E A V W T X F W
I A C H A E T P U R R O C I T I M M O L A T E
P E S U X I X N U M Y T N C A N V S I Q O B G
Q L D E F O M W Q K E S O T D I P M B X D T E
W S H D E X A P L O U A I I E G P T N O F K A
B T Q Q V R S G Y O Q O T O R H I I O F H R R
P R S C C R N N P S C P N P T U K E Z Q W F
E O J R Y E A I I S E T U Y D M E U G N B G D
E M Y X W M I B U Q T T R P X A M M D F O L S
V A B R F I D R J O O P E N V R W H U S M T F
K E E A L N R U N E R Q J P X E P X L P S J X
H R H R O I A T W S G T H C C N L Y B E L S I
I I Q D O S U S H L S T E R N I K X U Z I P F
W A Y L D C G I T T F S F N F L Z Q T X I C M
B L F E Q E H D P E S S E N C E Z U H X O X K
```

GUARDIANS	ALLEGORY	CORRUPT
STERN	PREDATOR	ESSENCE
AERIAL	QUESTS	ORC
GROTESQUE	DISTURBING	IMMOLATE
IMP	MAELSTROM	REMINISCE
DEPICTION	NIGHTMARE	SPOOK
HEXED	WARCRY	BLUDGEON
FLOOD	COAST	ERUPTION

```
S N D N L E R U Y R T T M U C F D O O C A H K
X C L P P M J C L B L A C K E N E D Z U L H D
I C M X E W E F L D L E E D I T P I R R S K L
K D M T M H U Q T I N N P A V K S Y N S V V F
V G E M P Q E S Q I S P Y G L A S S O E H H J
C O W O W S N R G A S E L P A M M E I D A W R
R J R S Y P T M C T L P R M D C H P S G W P I
G P W D Z U A Y E T U Y V M I O K O U N A F R
T I I T R M S A T Y O R M A N N N R L I K A L
Q Z V D B N L U N G Q O V U O S J H L W E R G
N I B E A T C I S R Y T A R R P T T I O N J S
M C V X H S K R K A Q E M O A I T N N R D W R
E I A Y S D C M Y V C C L R C R Y A J R X J L
F U B S S F E I L E B H L A L A W C Q A C R G
Q D Y L T T D A R K E N E D E T E Y M H Y Z F
E N V Z A V X H K Q A W N N I O Y L K S O S C
H G O N C C A E B F X Z Z E S R W Q F U R G O
P F M Q T F I H S E P A H S J C P P M I E M U
```

AWAKEN	METEOR	SPYGLASS
HARROWING	CURSE	BLACKENED
STEALTHY	ENIGMA	RIPTIDE
YORE	PYROTECH	ILLUSION
GRAVE	LYCANTHROPE	BELIEFS
AURORA	PROPHECY	ORACLE
SCUTTLE	DARKENED	CONSPIRATOR
MAPLE	SHAPESHIFT	CAST

```
X X Y Y S S E L M O T T O B I X X U S F E E S
B X I V T L P H E E Y L O S A C W S A K O N O
X K E A C Y H U C X I I W M V E J B T P M I T
U E L E R D O N I J F X W L E X V K D Q H M I
W E U E B A A N Z W B Z S I Z J H I F G Q U K
S J T T W I S T N E C S E R O U L F S V T L C
W I B W L D N Z C Y C I D A M O N R T U T L L
C S R L S D O T Q F R W E R E W O L F H L I M
J Q I W Y E I N E Z R W T T G O L A B Z E E L
C R E S C R T X A O F W O X O M A S S N N M W
B U D E L U A J M C D F R D E X O R E I I E Y
M E I Z S T T P T P E E C A P T K M H Q D M H
T P R Q L C O D X Z T D B D T B A E O E Z O T
G X T L O U N U Y E S R O H P H L L T B B R A
Y W S Y U R N H P C E A W Z Z L F N E M X A E
Z B O T F T A K Z L R G B X I D U U Q R Z B I
H R H A Q S X O G S O R U S N H I Q L J Z L G
C O G N W C X J U P F E H L A T S Y R C C E Q
```

ELUSIVE	ANNOTATIONS	FORESTED
NOMADIC	GHOST	DOWRY
ILLUMINE	STRUCTURED	WRATHFUL
MEMORABLE	FLUORESCENT	BRILLIANCE
DRAG	HUNTED	PYRETIC
TALES	CRYSTAL	MASS
HELLISH	RELATE	RIDE
HORSEY	WEREWOLF	BOTTOMLESS

Puzzle # 73

```
Y A S C O R R I D O R S H V T E Y I L V J C X
R L I H G W U Q L D V V P D I H D F J H G B T
M G E N U I N E P I U Q C R F M A R A O L T M
P E R P C O S J M V E D E E D E S T T Z D P I
N A I F F U R J L U C A G R R F A J C D P X K
C C N Y N U F R I L F J E I A K Q L Y H B U X
B K V K D C T N A G E L E R F E C A X X A N I
G W H T C H A R T E F E X Y U T Z A K N R T A
F G Z E P A F N M O R Z I V N C S W C I D P A
C D D G X M J R O N A M Y J A S S H X M X Y L
D T L A Z B R Q O T B I U E L A O B I Y R G H
P U Y T X E H N H C W H P O M R Q Z O R F E W
O S K O O R E R O O H A U J Q U A D R U P E D
T X E B X B C A W P X C M K F B L U D G E O N
M X W A V J Z E L O S U M R F D L O B O K E U
O D C S Y F C I N E C S R U X M T O K E N S E
J Y K O L M B C O S R C M M R J I P C L C O G
S U O R D N O W R S G O W L E V Y M Z X V H Z
```

ELEGANT	BLUDGEON	MANOR
QUADRUPED	SCENIC	GIFTS
DIVULGE	LEVY	RUFFIAN
WONDROUS	CHAMBER	SABOTAGE
SEA	GENUINE	TOKENS
OBSCURE	THATCH	HOWL
FAERIE	CORRIDORS	EGYPT
ANCHOR	KOBOLD	MURK

Puzzle # 74

```
S F L I P P E R N W Y K S C R R X N N S B M T
Q P P L K F P C H R H X P O D R X J S C U D N
J F J I C G L I S T E N I N G A T A D K W I E
F O M K T U J O N H G W P C K P C H D S V N C
O F P E P H R I T O F G K F C R Z S P T R C M
S K F V T K Q S N S I W N R E O S L Y F E D C
B O V I I C O B E Y A T F D L B E N C L V E W
M O U N T A I N A L T M P D P N K R M I E L V
K K I H N V V Z C Q C Q E E D Q H E I C L I R
H R K Q N O E C H O K N T I C F D H R K A E O
Q T X G B E L M H R D N F M A N N H P E T V K
W P L G Y G R A N J L E I Y Z A I Y S R I K Q
F E A D H A U I T W R S E A R E N A J I O O U
K X R N U R D Q X O C I Y A X Q N S A N N T E
A R G I Z I D H U H A N W B Y D I A J G A R G
N R A F W M Y S I M A W W R H B R A J S I P M
A K G M C O F E B O H A Q O L Q O I R F N F K
W O S E K Q F R T F I H S E P A H S F I N N I
```

INCEPTION	ARENA	RUDDY
TALON	SACRED	DATA
CLAW	FLOTSAM	CURSE
OLDEN	FLICKERING	MARK
FIRE	GLISTENING	MIRAGE
SAND	ECHO	SHAPESHIFT
SPLENDIFEROUS	REVELATION	FLIPPER
MOUNTAIN	MISCHIEF	VEILED

```
J W R A Y T E Y M E Y I E E A G H F R S N J J
W N O E Q M S C R R X N W S F U N H E U P Q P
O N N M O S G N D J S Y D T N C L Z S R Z D Q
U K A E L A E R E N U F G I R A N G R G M A Z
H S M I D K A R E V O C E R O A P M Y E C Q M
B I X U F Z W I U Y C C Z E O R P X M A N D O
F L Q W I F N Z L J C J X A N T A Y E R K Z U
F I Z W Z V U A Y P V F H I A G E M K O G M N
X S N L E X B R S T M Q L D G Z N X A L W U T
B A A R D Y U T E T P O H R P I A J H F O N A
T B F R R D C K C A A S T H T M F U P O S W I
O Y H I H U L O Y F A L M S H M M I I T W W N
W X N K R C E T A L E R K Y J O B I A K M T O
U T U T H F Y E F Q S D Q E N A S R X Z O O U
H T S K I D E V O U R I N G R Q G C U D K X S
P B U N Q C N M Q X V S O U D A Y S C A L Y G
O I H S Q T E F V E M U C J Z V I Y T K Z Q J
F R I E N D L Y J P S D R E Z F Q A D X F F K
```

FLORA	LABYRINTH	SCALY
FUNEREAL	HUMONGOUS	RELATE
FLASH	MANOR	MOUNTAINOUS
RUFFIAN	STALKER	EXPANSE
FRIENDLY	STOMP	DEVOURING
SURGE	ICE	OBSTRUCT
RECOVER	WIZARDRY	STARGAZE
TRAP	BASILISK	DIORAMA

```
Q M B J T K E K E B K H L H R D S D K T D N U
O R E P S C K C B E G U I L I N G F S H H O W
Y F W W K Z A U F E S U O D N E M E R T H I Y
F F V G S N M F I Z M M C Q B U W T R T I T T
U Z J C Y A O I I M H V T K Y X P H L J I C I
R A X P K W S V U T M A M M O T H U H D M E M
I B A Q S I B X F Y R D V S J A F N G Y B F Y
O O C H A S T I S E E A B U J N K Q T V S N N
U L D D Q E N C H A N T H F U B J H F V C I O
S C U W E A K J S O R C E R E R O I N Q R W N
K J M F U H G Q F J M S M F I S L E R G F B A
T H W V R P C X H A R Z S N D Y A R U E R K B
Z E T A Z E Y T O H U E S N Z D S V Z Q N I X
L Q M U R I W F I B M C N X T J S F K R I I V
Y O M P O L A O Y W R Q I N L S Y H Y H H N D
R I Q U E E O M P I E V A W R M B J G U N B U
C J J J S S O R B C A B R P T W A C N V R K R
G B W V L T T E D J W A B Y E G Z T X N Y H C
```

POWERFUL	TEMPEST	CHASTISE
ABYSSAL	ARTIFACT	ANONYMITY
FURIOUS	TREMENDOUS	SKY
ENCHANT	WARLORD	INFECTION
SEAFOAM	BEGUILING	MYTHOS
CRY	MAMMOTH	WAVE
UNIQUE	INSCRIBE	BRAIN
SORCERER	HUNT	BEWITCHED

Puzzle # 77

```
H N C F P C K K C N B E I Q G C F Q P O U U S
N I K K V B S D F X V S K X P B M R U K B Q V
U V C O N C E A L P N A W R X J E C S I N U O
W E R P I P D E N E K R A D J S I D O J P G J
M D D V T E T D C I N E C S O E X T M M U W V
F A B H H U N T R E S S H U O G C E D K B W C
A B S F H C U S G M Q M N A H A Q N E K N A T
P L P L U N G E O N O D K X V R J I L G J V T
E A U B D I B P G F K G L T Y N W V I A S J A
R Z W N R K C Z U P E V S N R E N A A L O V M
P E E A F I V Y G A P Y D L B A G V T A X J Y
L S P T X V D E O N M S R J O G T P E X I V N
E N O U E R J G Y C G C A X L J L S V Y Y Z V
X A B R T R Z R E U W Y Z P F K H Y O R M I L
I K J E A L U G A R C H I V E D X M D O S L Z
N E H S M A J L V C P N L R Q P O V L I W X J
G G C Z K T R N L L Y E M B E R S T O R M F V
B O F N S M E L P A B R I L L I A N C E V P E
```

START	LIZARDS	GALAXY
SNAKE	HUNTRESS	DARKENED
RESOUND	COMBAT	BRIDGE
ALLURE	ABLAZE	BRILLIANCE
VINE	PLUNGE	DEPTHS
ARCHIVE	CONCEAL	DOVETAILED
SCENIC	VISION	ENRAGE
EMBERSTORM	NATURE	PERPLEXING

```
J E V V U M P U G A D C I S S A L C H J Z X Y
V M Y X X T M C K B V M A N G L E I H L I N R
X Q F X V T W I T C H T Y I K P B L X L D T E
P F Q C I W S H P R S K S Y Q H N U R E P Q R
M J R T B M A G I S T E R T S A T Z O G M E A
L R A N X C Q T B V F R Z U E Q B O E A K A T
H N A X U J U V H R K X E A R Q J X D C U K S
S F B X U O A O M Z L Y Q E P W H D W Y P S G
R O P K B V I F G W S V W B E F W U V V R I N
D N A M N U N F T A L L U X N X N E K A R K I
Q V N C U N T I A N Q F P E T Z D F S O W T W
P U O P E N N V A D E Q U S C N A N G E R M O
Y C S E P E E D X O C L P B O S E G O G A Q L
R E I Y V R S Q X S A V Z I E T V U L N Z P G
Y C R G M V S A J A R H D Y D G R A G Q I P R
O J P Z Q E U G W A T J E I Q V E L T Q D B E
Y F D H M O N S T R O U S U Q H E E Q S N Q V
A S I G I L E X I S T E N C E D P R O M P T E
```

BEAUTY	EYES	MANGLED
KRAKEN	MAGISTER	WAND
PRISON	UNNERVE	EVERGLOWING
EXISTENCE	STARE	MAN
MONSTROUS	QUAINTNESS	ANGER
TRACE	TITANS	SERPENT
CLASSIC	MANGLE	PROMPT
WITCH	LEGACY	SIGIL

Puzzle # 79

```
V J T N E L O V E L A M Z E L G E K O M S L M
H J V R G F C N O I N I M R L T E D J M D Q B
K A F H U S S L D O J K J N A G V A M M F Q S
D N U X C R Y N Z N I A N K U T Y U U W M S U
X S D N W V T E N J D X H M Q X Y X R I F C U
E E M P T G I W Y T H A D A S N W V K L K A G
N Y T S A E B U T R A N S F O R M A T I O N A
C P K L S B D M D V B L R J Y Q L C W O Y V L
H S U B T E R R A N E A N S T O M P F I Z W L
A U P C N M A H Y E A D W F N O E G N U D A V
N W P V L Z Y G O M R O G K J S N M H C C I E
T R V H I L A N R E F N I L O Y P L K I H E P
E A E W N S E E N I M U L L I Y M L R O R W B
D I Y D I S G E N I V I D J M Z T O E T N E F
J T S E G N H Y V R C R I P U G T R J N B Q Q
K H T N H A O Q T V M M N E T S W V N X D J S
B R D Q T K U I B C G D Z C I N Y M P H U I H
T I W I S E L I T R O P X H R M H N I V M B D
```

BEAST	HAUNTED	DIVINE
TRANSFORMATION	SPLENDID	NIGHTS
MALEVOLENT	WIZARD	MINION
ENCHANTED	ILLUMINE	SNAKE
STOMP	TREE	SQUALL
SUBTERRANEAN	WRAITH	INFERNAL
HISTORICAL	SMOKE	DUNGEON
NYMPH	GHOUL	MURK

Puzzle # 80

```
W S W Y H J M A C S S L J Q V J L T R A I L S
S G E K K Z N A E E E S E M U E M E A O T L N
Q X F R Y X U I L M Z J I G V A G F D Z B I O
T A C A U D X A S H A D Y A W V Z X S U E U I
V O R A I T C W B E R Y R Z X O D U Y Y O L T
T N P B F S A X D M Y T M T D K U Z L V Q L I
F R L A N S O E Q K J M E W O H A N D E Z C R
I E E L F P N T R Z P S V I U W L C D T V I A
H N H F L E A R H C X Q B R J H A G T T G N P
S E X L A N R E R M P Z L A B W G J K X A C P
E T Y A C T R S A T H Q M W R A C C S Z S E A
P T F M I A A T O X T W L Z U A G I U D W N E
A I X E G G T L A F M L W J M W S T O M P D S
H B B Q A R I E A K T S N I A L P Q D F S I U
S K L O M A V S D K Y L X U L P G M P L L O P
A X Q G C M E S I J V W C W A F O H P E O U K
B U L M B C T N E M R O T N L O M B C U A S O
Z E S T N Z P M A P S B N Y R G Q F L R E J Q
```

MAGICAL	TRAILS	PLAIN
STOMP	TORMENT	BRUMAL
LOUD	MOOR	WOUND
NARRATIVE	TRAVEL	SCALES
PENTAGRAM	APPARITION	WAR
YARN	BITTEN	FLAME
CREATURES	SHADY	AUDIBLE
RESTLESS	SHAPESHIFT	INCENDIOUS

Puzzle # 1

IMAGINARY	PETRIFY	RUMBLING
ABYSSAL	SURROUNDINGS	TUNNEL
SERAPH	BECOME	CAPTURE
EMERGENCE	STATUE	CHASTISE
MEDUSA	VARMINT	GLOOMY
GOAT	NOMADIC	WRATH
MAGISTER	SAND	INSUBORDINATE
GENIE	RUTHLESS	BEWITCHED

Puzzle # 2

WHIMSY	DIVULGE	TOLL
ALCHEMY	DAGGER	TROVE
WINGSANDFLAMES	JOURNEY	STOMP
FASCINATING	EVISCERATE	LION
GLAMOUR	FEASTING	TRAGIC
ESPIONAGE	RESURRECTION	WHIRLPOOL
UNDERCROFT	ENCLOSED	TERABYTE
STONE	FIERCE	ENCLOSURE

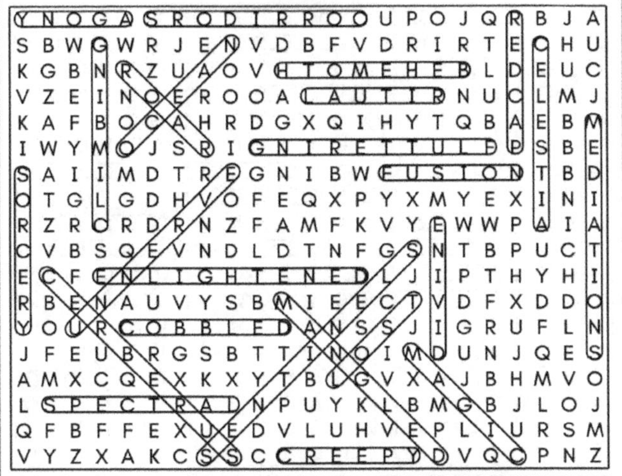

Puzzle # 3

MAGIC	CORRIDORS	CLIMBING
RITUAL	ROAR	COBBLED
FUSION	MANGLED	BEHEMOTH
REDCAP	SENTINELS	DIVINE
SORCERY	AGONY	MEDIATIONS
CELESTIA	ENLIGHTENED	CERBERUS
SPECTRAL	CREEPY	FLUTTERING
UNNERVE	OCEAN	LOST

Puzzle # 4

ASPIRATION	DISGUISE	TOLL
UNNERVE	DETERRENT	SLAUGHTER
GLISTER	TRITON	DOMINION
WOODS	FLEET	FORGE
STERN	FRENZY	DESOLATE
SILHOUETTE	GLOW	MINOTAUR
WATCHER	SIBILANT	JETTY-LIKE
FATE	AMOK	FRIGHT

Puzzle # 5

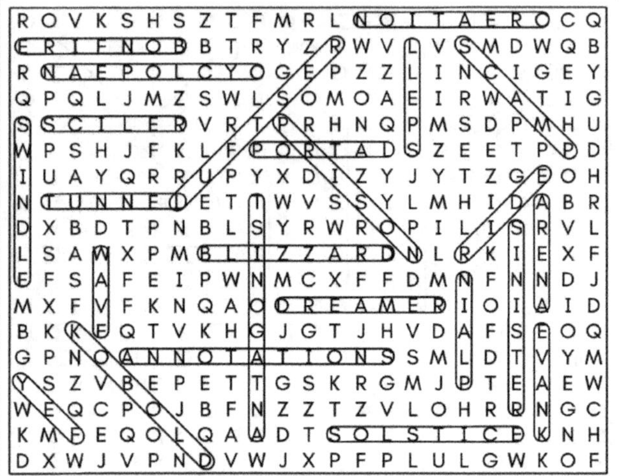

CREATION	TUNNEL	SWINDLE
SPELL	KOBOLD	BONFIRE
SINISTER	PLAIN	WAVE
RESTFUL	PRISON	ANTAGONIST
CYCLOPEAN	KNAVE	ANNOTATIONS
RIDE	ARENA	FEY
DREAMER	RELICS	SOLSTICE
PORTAL	SCAMP	BLIZZARD

Puzzle # 6

WILLINGNESS	ANCESTRAL	PUZZLE
VOW	DEVASTATE	TRACE
SHADOWY	DISTILL	DISCONCERT
LUMINESCENT	WARM	COMBAT
BIOME	MERMAID	REMINISCE
STAR	CASTELLATED	ASCEND
AMOK	SHOW	ASSASSIN
MONARCH	CHANT	MELT

Puzzle # 7

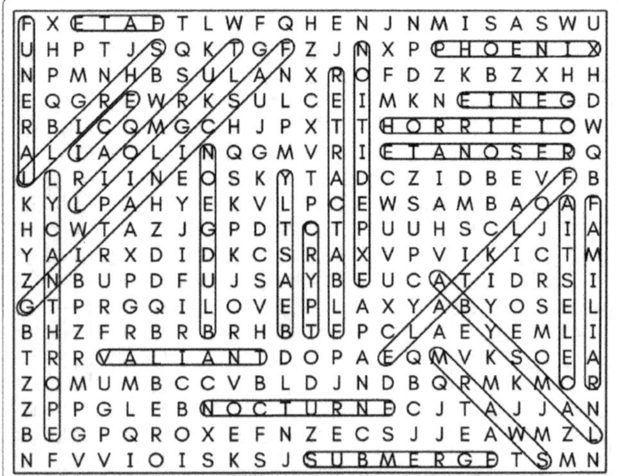

BEASTLY	SHRILL	ABYSMAL
LYCANTHROPE	RETRACTABLE	RESONATE
HORRIFIC	FAMILIAR	CRYPT
FASCINATING	CELESTIA	TURMOIL
SUBMERGE	VALIANT	EXPEDITION
ICE	GENIE	FUNERAL
SWARM	BLUDGEON	FATE
PHOENIX	FOLKTALE	NOCTURNE

Puzzle # 8

MAJESTIC	CONTEST	APEX
MONSTER	FAERIE	LIGHT
SHOUT	REEF	NIGHTFALL
EXQUISITE	TACTICS	PANDEMIC
ENORMOUS	BLOODSUCKER	TREASURED
WINDY	ASURA	PYRE
SPRITE	COSMIC	PROTECT
FISHER	SANGUINE	DIORAMA

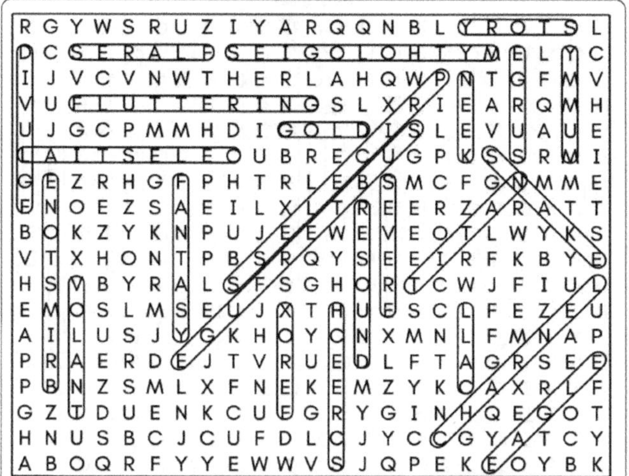

FANTASY	CELESTIAL	SNAKE
SCREECH	PRICELESS	CALL
DIVULGE	FLUTTERING	KEEN
STORY	VOLANT	SEVERE
TITAN	CHARNEL	RESOUND
SUBTERFUGE	EAGLE	GOLD
MYTHOLOGIES	SURGE	BRIMSTONE
MUMMY	FEROX	FLARES

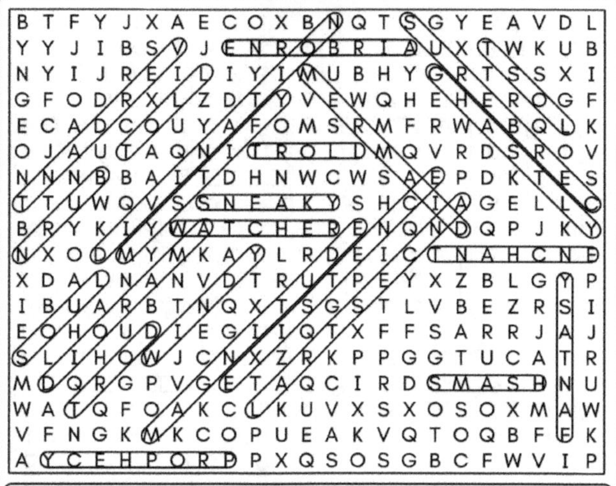

FANTASY	ANCESTRAL	AIRBORNE
CERBERUS	VERDANT	SMASH
SNEAKY	MAGNITUDE	TROLL
EXISTENCE	TROD	WINDY
DIVINATION	WATCHER	DIORAMA
BURN	TOLL	MERMAID
ENCHANT	MYSTIFY	PROPHECY
SOUL	GHASTLY	LOST

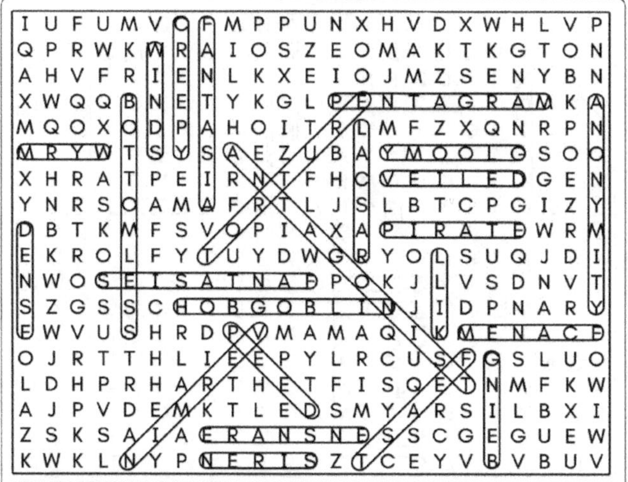

FANTASIA	CREEPY	FEAST
WYRM	HOBGOBLIN	VEILED
ANONYMITY	PENTAGRAM	ENSNARE
FANTASIES	TORTURE	DENSE
PIRATE	RASCAL	WINDS
ANTAGONIST	DEEP	MENACE
BEING	GLOOMY	KILL
SIREN	VERMIN	BOTTOMLESS

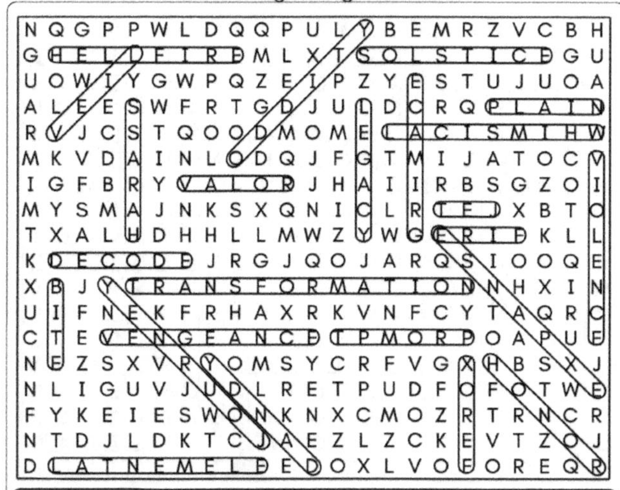

WHIMSICAL	DECODE	JOURNEY
TRANSFORMATION	DANDY	HELLFIRE
PROMPT	JET	VEIL
HONOR	SOLSTICE	VALOR
FEROX	HARASS	VIOLENCE
ELEMENTAL	ODDITY	BITE
LEGACY	EXPANSE	PLAIN
FIRE	GRIMACE	VENGEANCE

Puzzle # 13

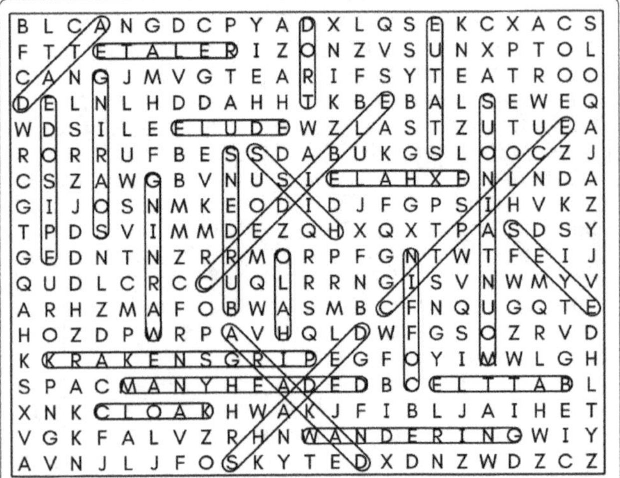

SOARING	TROD	ECLIPTIC
MANY-HEADED	COFFIN	BURDENS
DATA	BATTLE	MOUNTAINOUS
CREDIBLE	EYES	HALO
DAKARA	EXHALE	RELATE
EPISODE	ELUDE	STATUE
CLOAK	SHADED	WANDERING
HISS	KRAKEN'SGRIP	WARNING

Puzzle # 14

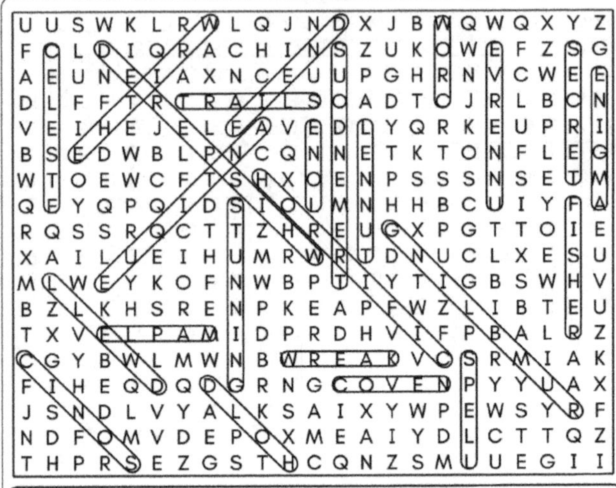

SONIC	CELESTE	CROW
RUMBLING	FISHER	SECRET
ENIGMA	ANTIQUE	UNNERVE
STUNNING	HOLD	HORRIFIC
WREAK	SPELL	TRAILS
WRITHE	MAPLE	TREMENDOUS
LONE	TUNNEL	FIEND
DWELL	COVEN	WHISPERED

Puzzle # 15

ENCHANTING	FLOOD	ASURA
DRACULA	KNIGHT	TRAILS
VALOR	GROWL	GLISTENING
MEADOWS	RADIATE	DEFIANCE
CLOISTER	LUMINESCENT	TRAGIC
FUSION	GOLD	MERRY
GUARDIANSPIRIT	ROMANCE	BLOSSOM
VEIN	EVERGLOWING	TORRENTIAL

Puzzle # 16

TOY	CONQUEROR	TITAN
HEAT	DAZZLING	CYCLONE
RECOGNISED	TERRORIZE	BAT
SONIC	ASTRAL	WIDE
JET	GHOUL	SWIRLING
BATTLE	SUDDEN	FANGS
BOTANICAL	ECLIPTIC	DEEP
GORGON	MINION	EMPTINESS

Puzzle # 17

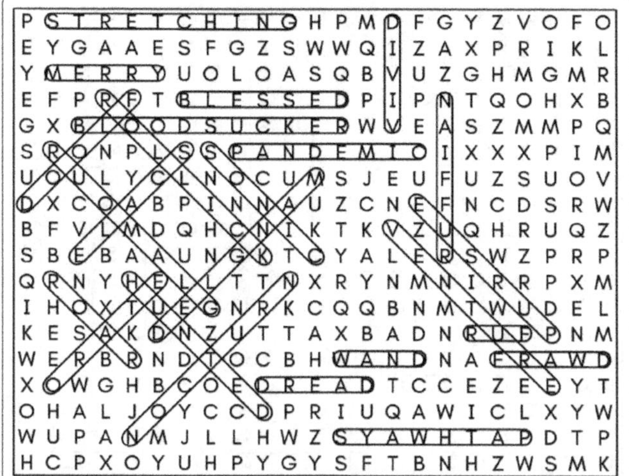

SONIC	VENTURE	DREAD
PURSUE	RUFFIAN	WAND
PANDEMIC	DWARF	HUNTED
VIVID	PATHWAYS	ROLLICK
SCALE	BLOODSUCKER	ORATE
FLOOD	GLAMOUR	FUR
MERRY	STRETCHING	MANGLED
ROAR	NOCTURN	BLESSED

Puzzle # 18

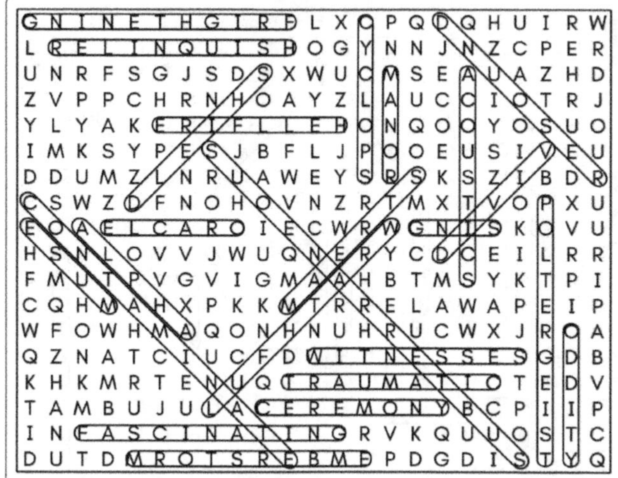

FASCINATING	SHIELD	MANOR
ODDITY	ALPHA	RESOUND
CONTAMINATE	TRAUMATIC	CEREMONY
STREAM	HELLFIRE	SUBTERRANEOUS
POLTERGEIST	WRATHFUL	MUSE
EMBERSTORM	RELINQUISH	ORACLE
VIVID	ACOUSTICS	SING
FRIGHTENING	CYCLOPS	WITNESSES

Puzzle # 19

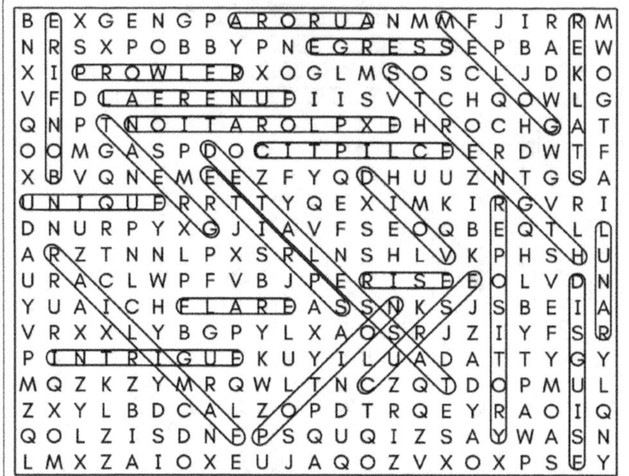

RISE	FLARE	DISGUISE
POTION	SPRITE	EGRESS
ECLIPTIC	TASSELATED	GOLEM
STRENGTH	REPOSITORY	AURORA
GREAT	CURSE	STALKER
BONFIRE	INTRIGUE	FAMILIAR
UNIQUE	EXPLORATION	LUNAR
FUNEREAL	PROWLER	VOID

Puzzle # 20

MYSTICAL	AERIAL	TOMB
ELICIT	MEMORABLE	DECAY
SAND	SOUL	FANGS
WISTFUL	EXCLAIM	SKIM
DRAKE	PROTECTIVE	ORIGINS
LUSTROUS	ATROCITY	ABANDONED
RETRACTABLE	SMOLDER	DECEIT
ATTACK	SNEER	CYCLONE

Puzzle # 21

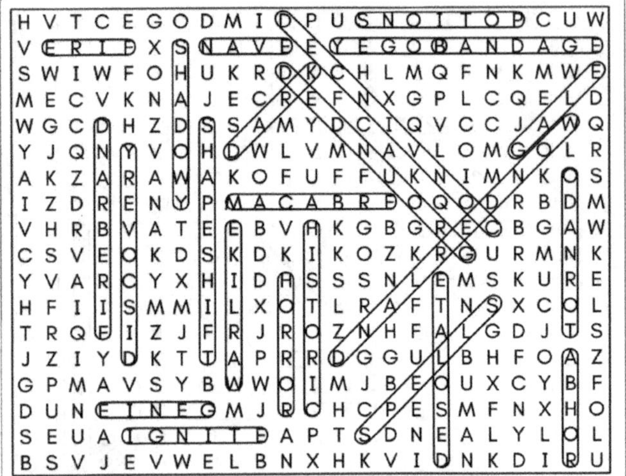

DISCOVERY	DARK	TORNADO
SHAPESHIFT	CONVINCED	WARLIKE
FIREBRAND	MACABRE	HORROR
HISTORIC	SPELLS	NAVE
FIRE	GROUNDED	DESOLATE
IGNITE	BANDAGE	ABHOR
WONDERLAND	POTIONS	SHADOWY
GENIE	BOGEY	GALE

Puzzle # 22

BEAUTY	SHADY	CHALK
GORGON	SCENERY	HOLLOW
VAULT	STONE	BREATH
WOODS	CONFRONT	DARN
COVEN	ADVENTUROUS	SIGIL
VISION	VIGILANT	CORAL
SURROUNDINGS	TOKENS	WARMTH
LEVY	VERMIN	COMBUST

Puzzle # 23

COMMENCEMENT	ANNALS	SHARP
MARITIME	EXHALE	PRECIPITATION
LIGHTNING	GLOW	SPINE
SPRITE	GRIPPING	ELEMENTAL
SOPHIST	PIRATE	CAST
PYROMANIA	BRIDGE	INTEGRIS
PIXIE	UNREAL	SUNDOWN
RELINQUISH	REVENANT	PERPLEXING

Puzzle # 24

WONDERFUL	SLEUTH	TERABYTE
VERMINIOUS	MUSIC	SAFEGUARD
POISON	TALONS	DESTRUCTION
WISTFUL	ECLIPSE	DARKNESS
TASSELATED	KNAVE	PIERCING
SUBTERFUGE	COIL	ROOF
ILLUSTRIOUS	FORBIDDEN	WRITHE
SHOUT	WHALE	TSUNAMI

Puzzle # 25

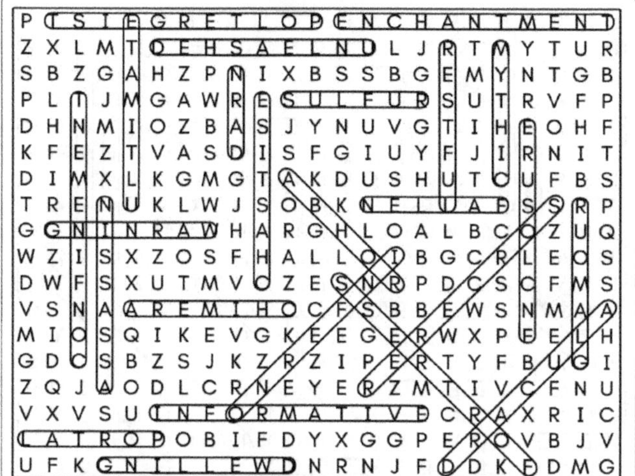

ENCHANTMENT	CONFINEMENT	CHASTISE
FORTRESS	DWELLING	UNLEASHED
ULTIMATE	GLAMOUR	ABHOR
MYTHIC	SULFUR	PORTAL
CHIMERA	INFORMATIVE	FALLEN
ASSASSIN	POLTERGEIST	INFERNO
RESTFUL	WARNING	DARN
SORCERER	DRACULA	ENCLOSURE

Puzzle # 26

FANTASTICAL	COVERT	WRAPPING
PRIMORDIAL	GOBLIN	LUMINESCENCE
GLADIATOR	ASURA	IMMENSE
BEASTLY	STARLIT	MANOR
ROAMING	HOSTILE	LOUD
LICH	BANDAGE	ASCEND
ORNAMENTAL	HELLFIRE	ARENA
COLOSSAL	STORM	GRISLY

Puzzle # 27

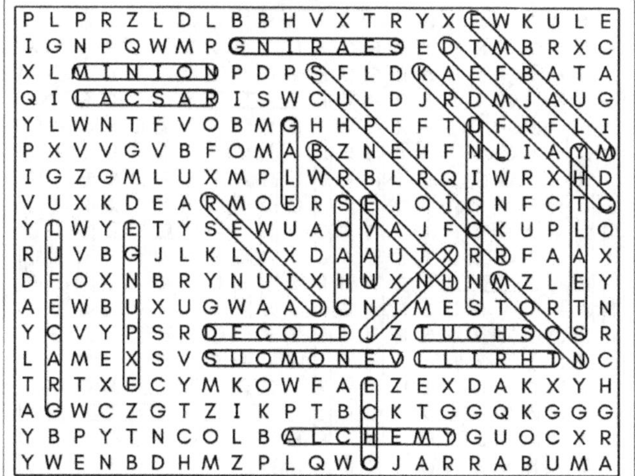

CHARMED	SUPERIOR	EMBALM
BREATH	MINION	STEALTHY
SHOUT	THRILL	LURK
UNICORNS	VENOMOUS	GRACEFUL
DIVER	RASCAL	SEARING
NAVE	ECHO	MOON
CHAOS	DECODE	EXPUNGE
ALCHEMY	JINX	GALE

Puzzle # 28

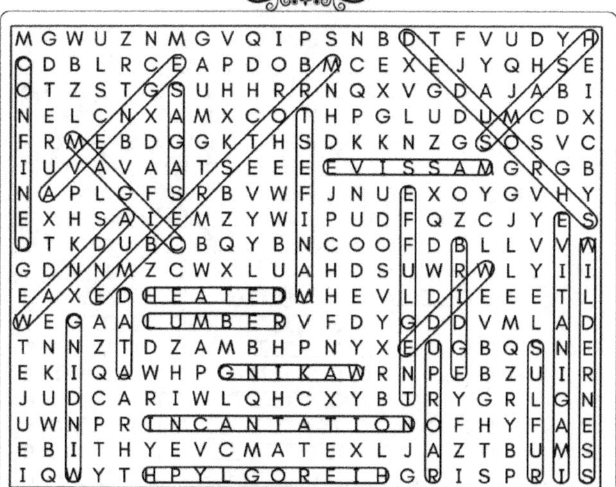

MAGIC	SULFUR	EMBERSTORM
WANDA	WINDING	WAKING
CONFINED	BRIDGE	MASSIVE
SAGAS	DATA	AVENGE
WIDE	UPROAR	SMASH
EFFULGENT	LUMBER	INCANTATION
IMAGINATIVE	MANIFEST	HEATED
HIEROGLYPH	WILDERNESS	SHROUDED

Puzzle # 29

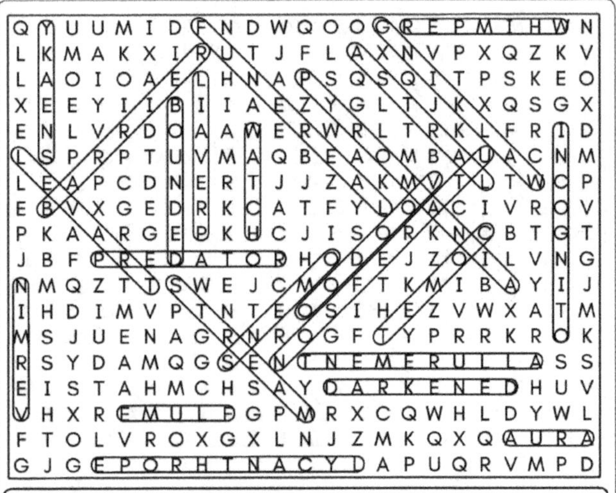

STREAM	TRAVEL	SNEAKY
FUNEREAL	NOSFERATU	BARRIER
COMET	FLUME	VOODOO
ALLUREMENT	WATCH	INCOGNITO
WALKING	PREDATOR	AURA
PYROMANIA	WHIMPER	OMENS
VERMIN	DARKENED	ASTRAL
PREVAIL	LYCANTHROPE	BOUNDED

Puzzle # 30

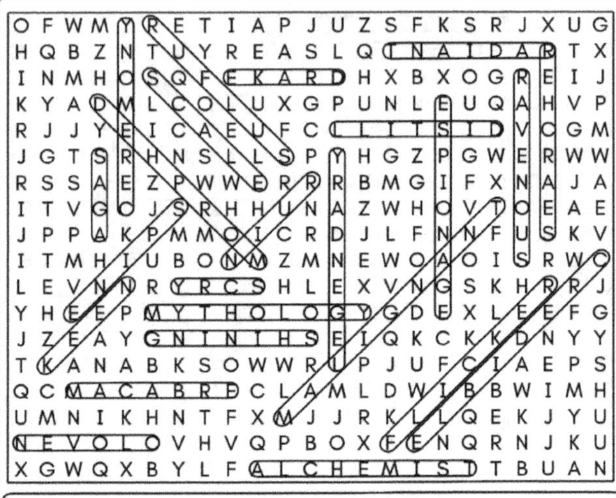

LEGENDARY	RUIN	DISTILL
RAVENOUS	CREDIBLE	SULFUR
ESPIONAGE	SPINE	DRAKE
SAGA	MYTHOLOGY	MORPHED
CLOVEN	SEARCHER	MALIGNANT
SHINING	MACABRE	SCALE
RADIANT	FLICKER	SCRY
CEREMONY	KEEN	ALCHEMIST

Puzzle # 31

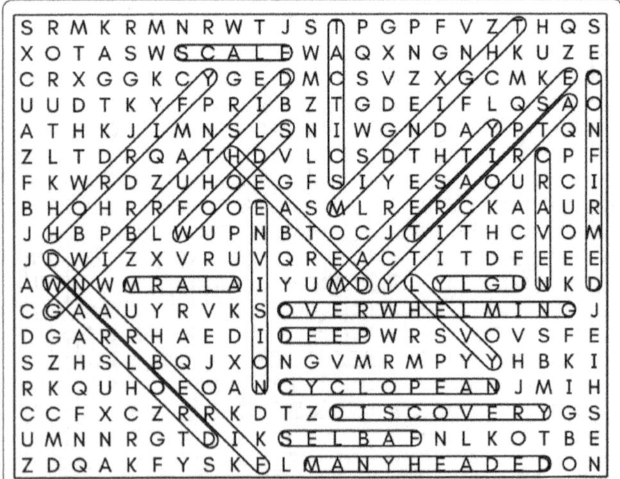

DISCOVERY	HORRIFY	UGLY
OVERWHELMING	CONFIRMED	FABLES
WARLORD	CYCLOPEAN	SCALE
WOODS	HEATED	MANY-HEADED
ATROCITY	CRAVEN	MIDNIGHT
FIREBRAND	DEEP	MAJESTY
ENVISION	ALARM	TACTICS
LEVY	TRAIPSE	DISTURBING

Puzzle # 32

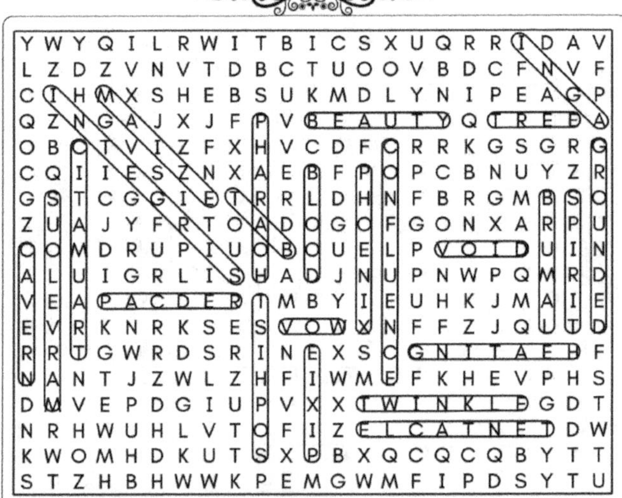

BEAUTY	TWINKLE	INTEGRIS
BLOOD	GROUNDED	BRUMAL
PHARAOH	SPIRIT	CAVERN
MARVELOUS	AGNI	SOPHIST
TENTACLE	REDCAP	CONFLUENCE
MAIZE	VOW	BAT
TREE	HEATING	TRAUMATIC
PHOENIX	PIXIE	VOID

Puzzle # 33

TRAIL	MALEVOLENT	WRAPPING
MAGNITUDE	BREATH	ROUTING
CONSPIRE	GLOOM	RAVENOUS
ARTIFACT	FIRESTORM	SPURTING
ROAMING	INFERNO	BATTLEGROUND
CONTEST	TOMB	FAUN
LYCANTHROPE	FOOTSTEPS	SCREAM
DOMINATING	INTIMIDATE	MYTHS

Puzzle # 34

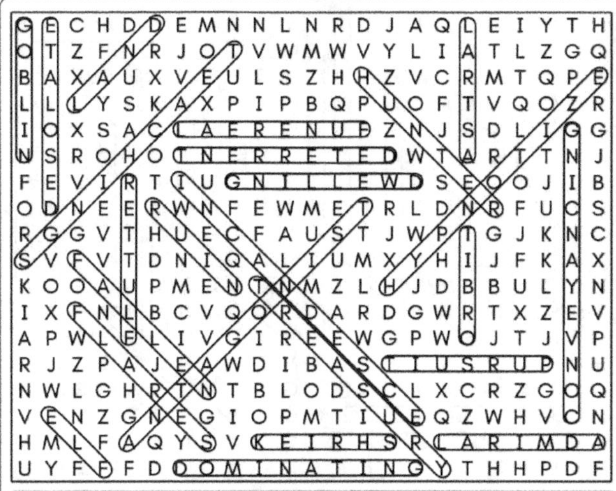

LAND	FLARES	ASTRAL
ADMIRAL	HUNTER	SHRIEK
TREASURY	FLUTTER	DWELLING
ELF	PURSUIT	ORBIT
DOMINATING	DETERRENT	HYPNOTIZE
INCANDESCE	ANTAGONIST	GOBLIN
CONVEYANCING	DESOLATE	RUIN
FUNEREAL	TEACHINGS	FALLEN

Puzzle # 35

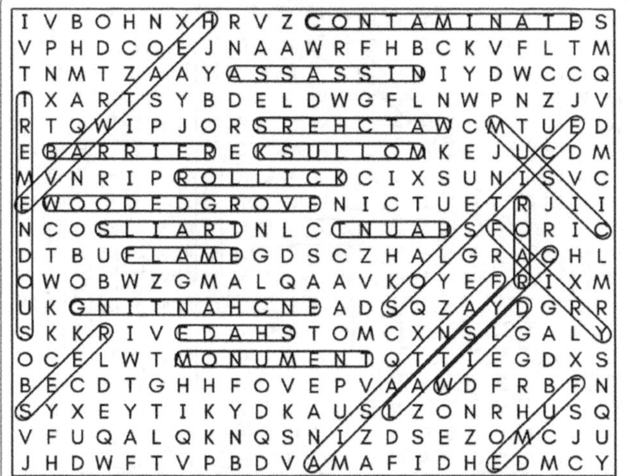

ENCHANTING	ASSASSIN	ROLLICK
FUME	WOODEDGROVE	WATCHERS
CONTAMINATE	SHADE	WILD
FAIRY	SOLSTICE	TREMENDOUS
ROAR	MUSIC	HEATWAVE
MONUMENT	SEER	FLAME
FANTASIA	TRAILS	CRYSTAL
MOLLUSK	HAUNT	BARRIER

Puzzle # 36

EXQUISITE	CASTELLATED	PEGASUS
ABANDONED	GHOUL	REVELATION
WREAK	MALICIOUS	NOCTURNAL
MARVELOUS	DARKNESS	LEVY
WINGS	VERMIN	WHISPERED
BRIDGE	PIRATE	CLOISTER
TEACHINGS	TALES	PRESERVE
SCALE	VARMINT	IRIDIAN

Puzzle # 37

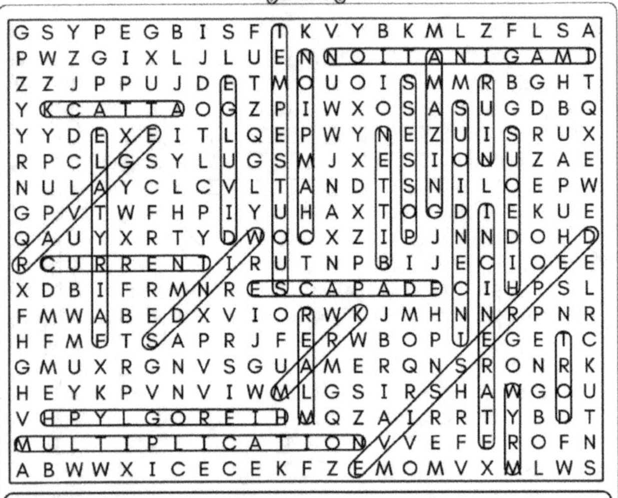

IMAGINATION	RUIN	MULTIPLICATION
TEMPESTUOUS	WYRM	WINDS
CHAMPION	MARK	ATTACK
FAIRYTALE	ESCAPADE	RAVAGE
HIEROGLYPH	REALM	DEPRESSIVE
DIVULGE	CURRENT	POSSESS
AMAZING	TROD	INCINERATE
BITTEN	HIDEOUS	INCENDIOUS

Puzzle # 38

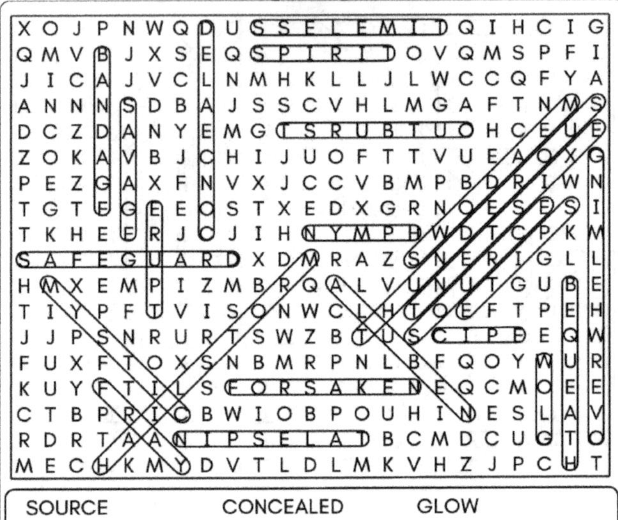

SOURCE	CONCEALED	GLOW
NYMPH	TIMELESS	HAILSTORM
EPIC	BANDAGE	SAVAGE
MEADOWS	TALESPIN	FRAY
SPIRIT	SPITE	OUTBURST
SAFEGUARD	MYSTIC	OVERWHELMING
EXISTENT	BEQUEATH	NEBULA
THUNDEROUS	FORSAKEN	ERUPT

Puzzle # 39

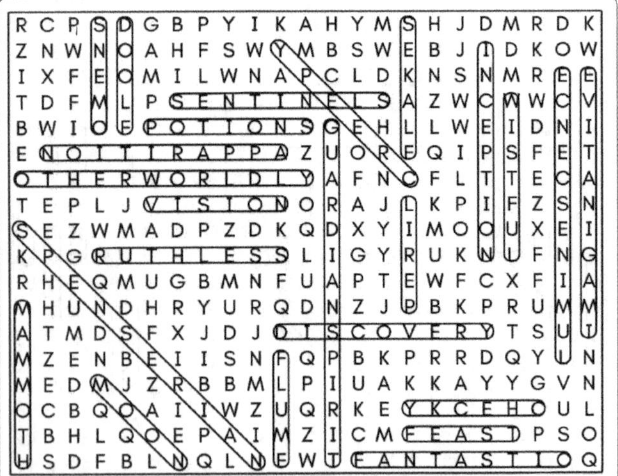

FANTASTIC	SENTINELS	CHECKY
MOON	IMAGINATIVE	POTIONS
FLOOD	MAMMOTH	RUTHLESS
DISCOVERY	VISION	FLUME
OMENS	WISTFUL	OTHERWORLDLY
LUMINESCENCE	FEAST	APPARITION
INCEPTION	CREEPY	SPENSERIAN
PERIL	GUARDIANSPIRIT	FLAKES

Puzzle # 40

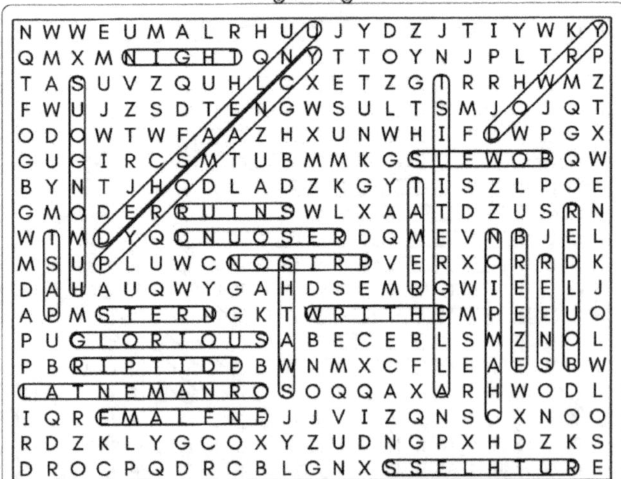

PAST	BOWELS	RUINS
BOULDER	GLORIOUS	UNLEASHED
RESOUND	STERN	TAMER
ORNAMENTAL	ALLEGRETILIST	WRITHE
RIPTIDE	SNEER	BREEZE
PRISON	NIGHT	HUMONGOUS
SWATHS	DOWRY	CHAMPION
PYROMANCY	RUTHLESS	ENFLAME

Puzzle # 41

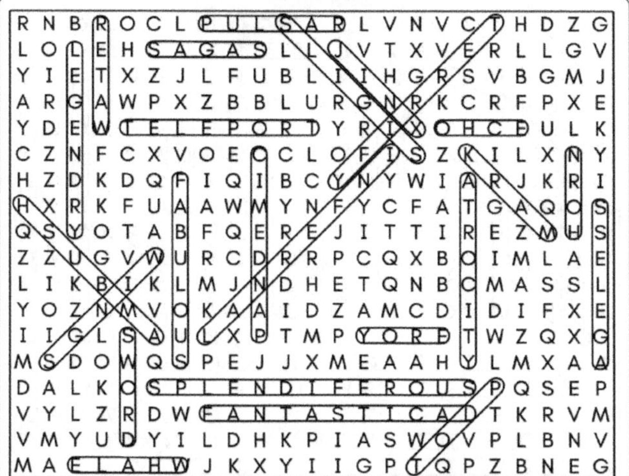

HORN	PANDEMIC	AGELESS
AMBUSH	YORE	PLOT
ATROCITY	WINGS	FABULOUS
SAGAS	MARK	WHALE
JINX	SPLENDIFEROUS	LEGENDRY
ECHO	TERRIFY	PULSAR
FANTASTICAL	SWORD	TELEPORT
INFERNAL	WATER	SIGILS

Puzzle # 42

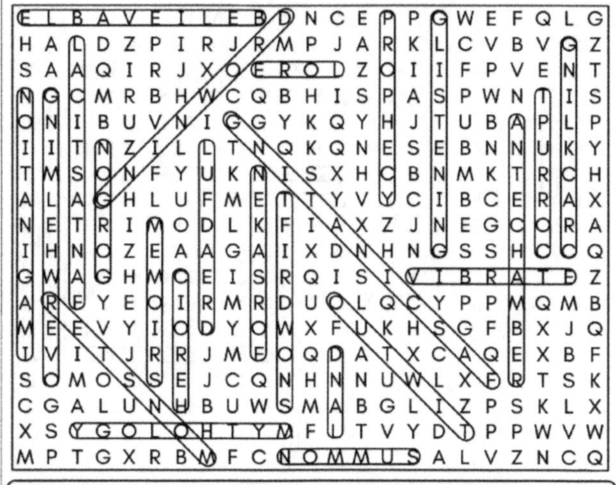

LAND	OUTWIT	SUMMON
FORSAKEN	IMAGINATION	MYTHOLOGY
DREADFUL	DROWNING	BELIEVABLE
LORE	CORRUPT	ANTECHAMBER
MONSTER	FASCINATING	CRACKLING
PROPHECY	GORGON	GLISTENING
FANTASTICAL	VIBRATE	SNOWDRIFT
OVERWHELMING	HEROIC	MEMOIRS

Puzzle # 43

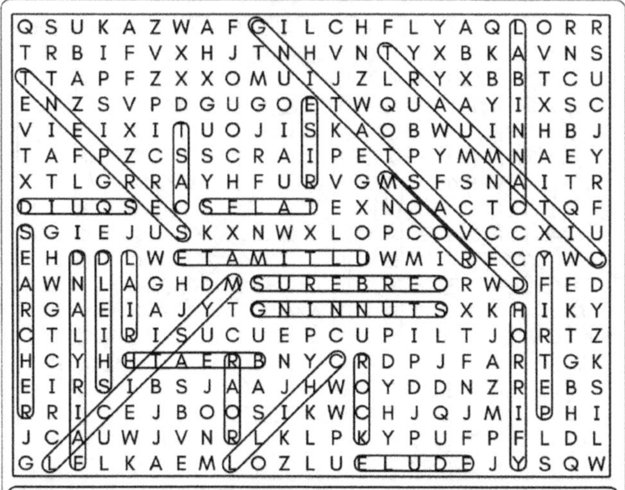

MYSTICAL	ULTIMATE	MOOR
ROAR	STUNNING	HORRIFY
PETRIFY	CANNIBAL	BREATH
RISE	SHIELD	TRAUMATIC
ROCK	SEARCHER	TALES
CHILL	CERBERUS	SERPENT
FAIRYLAND	ELUDE	DEVASTATING
SQUID	LAIR	CAST

Puzzle # 44

DISCOVERY	CRAFTY	ODDITY
HARROW	LUSH	SPARKLE
RESTLESS	SQUID	WISDOM
ENCHANTING	LUNAR	GLAMOUR
FLIGHT	ILLUSTRIOUS	SUNNY
INTEGRIS	WAVE	CHASE
FAIRYTALE	RIDE	MACABRE
BOULDER	PULSAR	HALLOW

Puzzle # 45

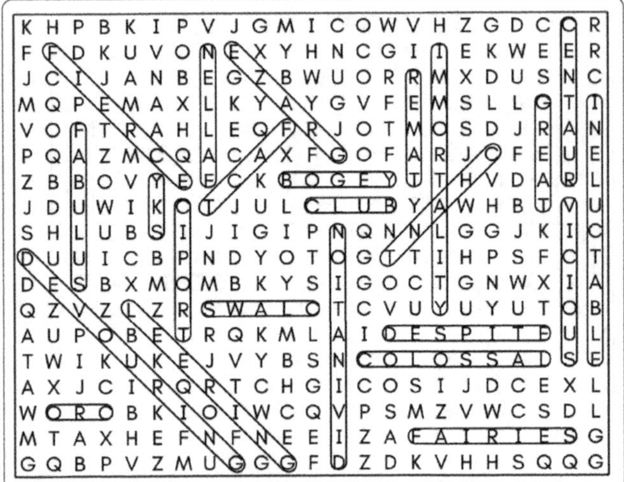

TROPIC	DESPITE	CHANT
FIERCE	BOGEY	GRAZE
GREAT	FAIRIES	SKY
FABULUS	LEERING	DIVINATION
CLUB	IMMORTALITY	DEVOURING
VICIOUS	ORC	TAMER
FACT	INELUCTABLE	COLOSSAL
CENTAUR	CLAWS	FALLEN

Puzzle # 46

ORIGIN	OVERLORD	COLOSSUS
CINDER	RADIANT	VEILED
EVER-LASTING	ORC	HIDE
STREAM	MUFFLED	EXPUNGE
ENORMOUS	CONVINCED	VERNACULAR
QUESTS	CONJURE	ELICIT
WONDERLAND	FIGHTS	BLOOD-CURDLING
ATTACK	KNOWLEDGE	PYRETIC

Puzzle # 47

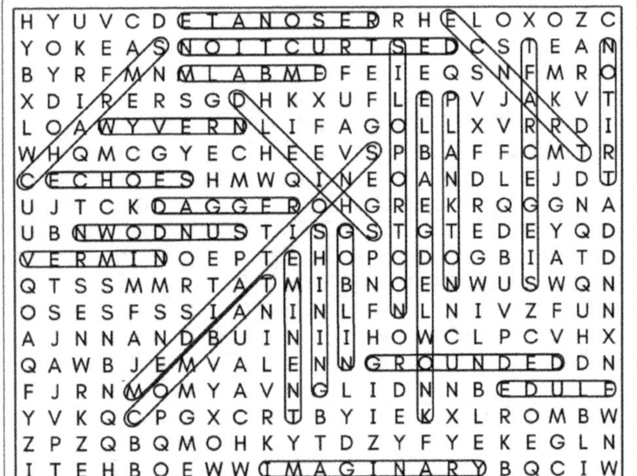

IMAGINARY	RESONATE	SHIELD
TRANCE	GOBLIN	MEDIATIONS
SUNDOWN	DESTRUCTION	WYVERN
GROUNDED	ECHOES	SIEGECRAFT
TRITON	VERMIN	NOCTROPOLIS
SHINING	COMBAT	PLANKTON
KNOWLEDGEABLE	EMINENT	ELUDE
EMBALM	DAGGER	CHARMS

Puzzle # 48

HORN	PHOBIC	DUEL
CARVE	ORNAMENTAL	BURDENS
HORRIFY	LERNAEAN	SCREECH
WHIMSICAL	VIOLENCE	INFILTRATE
JAGGED	REDCAP	FLAKES
TRACK	PUZZLE	DEFIANCE
BLOOM	CLASH	HEAVEN
MARK	INSCRIPTION	HOT

Puzzle # 49

WONDROUS	TROVE	PRANK
EARTHQUAKE	INFERNO	MIRAGE
AURORA	OBJECTIVE	SCANNET
FASCINATION	GALACTIC	CHAMPION
LEVY	PIRATE	GRISLY
FIREBREAK	FROST	CLOVEN
ENSNARE	SHADY	SPYGLASS
WING	MOLLUSK	TORRID

Puzzle # 50

IDYLLIC	SENTINELS	UGLY
SPIRIT	RASCAL	WIZARDRY
WANDERING	FUNEREAL	NEST
GUARDIANS	BONFIRE	CHECKY
STONE	THIEF	DUSKY
HOARSE	SERAPH	ROOST
PIXIE	ALLEGORY	INELUCTABLE
GLOOM	INSTINCT	ESSENCE

Puzzle # 51

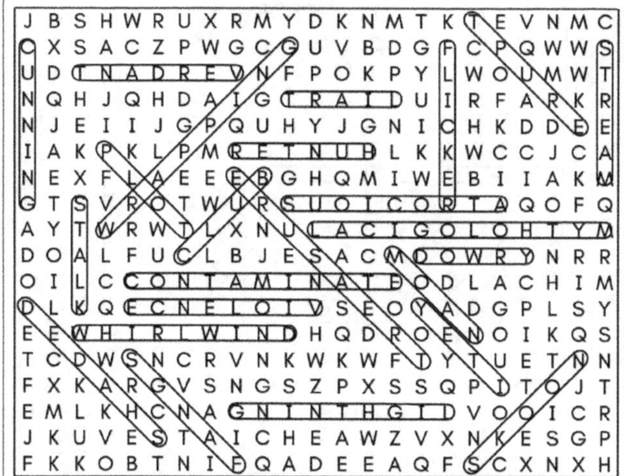

MYTHOLOGICAL	FLICKER	CUNNING
STALK	TRAIL	DOWRY
PLOT	ATROCIOUS	TREASURE
STREAM	VIOLENCE	YETI
CLUB	NOOKS	WHIRLWIND
LIGHTNING	WRAPPING	FANGS
VERDANT	SHADED	CONTAMINATE
MOAN	HUNTER	ERUPT

Puzzle # 52

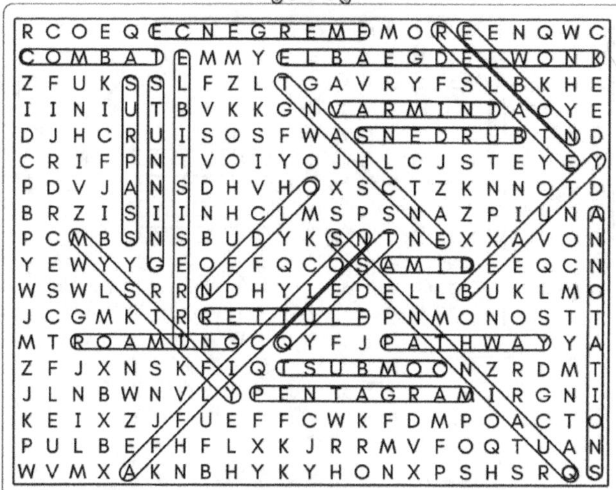

BEAUTY	PATHWAY	FLUTTER
KNOWLEDGEABLE	OLDEN	BURDENS
AFFLICTION	ROAMING	IRRESISTIBLE
ENCHANT	SURPASS	NOBLE
VARMINT	STUNNING	RELATE
ANNOTATIONS	AMID	QUEST
EMERGENCE	MYSTIFY	COMBAT
PENTAGRAM	QUAINTNESS	COMBUST

Puzzle # 53

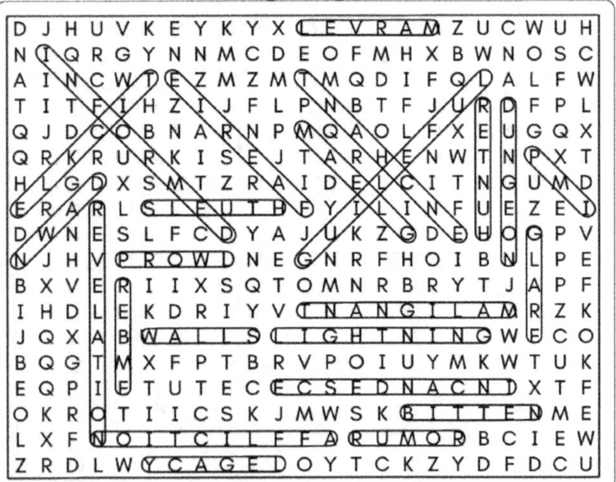

ENCHANT	INCANDESCE	GUILEFUL
BITTEN	MARVEL	GLARE
LIGHTNING	DUNGEON	INFORMED
DAWN	REVELATION	SLEUTH
IMP	LEGACY	MALIGNANT
GLEAM	PROWL	EMBER
FAERIE	RUMOR	AFFLICTION
TICKLE	HUNTER	WALLS

Puzzle # 54

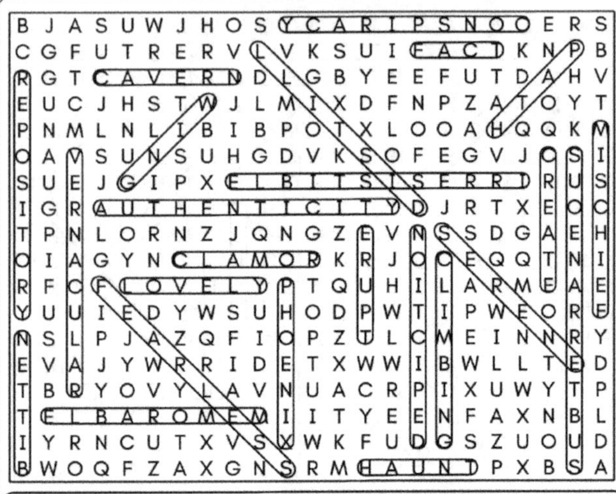

SERENE	CLAMOR	DISTILL
HAUNT	AUTHENTICITY	PATH
CREATE	BITTEN	CAVERN
LOVELY	REPOSITORY	SUBTERRANEOUS
PHOENIX	IRRESISTIBLE	VERNACULAR
FEARLESS	WING	MISCHIEF
MEMORABLE	DEPICTION	CLIMBING
CONSPIRACY	FACT	ERUPT

Puzzle # 55

IMAGINARY	CRY	TREMOR
SHADOW	FOLIAGE	HOLD
RESTLESS	SHAPESHIFT	GROUNDED
TALE	SILHOUETTE	CASCADE
FORSAKEN	VALIANT	WATCH
NOMADIC	WOUND	JINX
SPARK	HALLWAY	SCANNET
QUADRUPED	ALLUREMENT	ORATE

Puzzle # 56

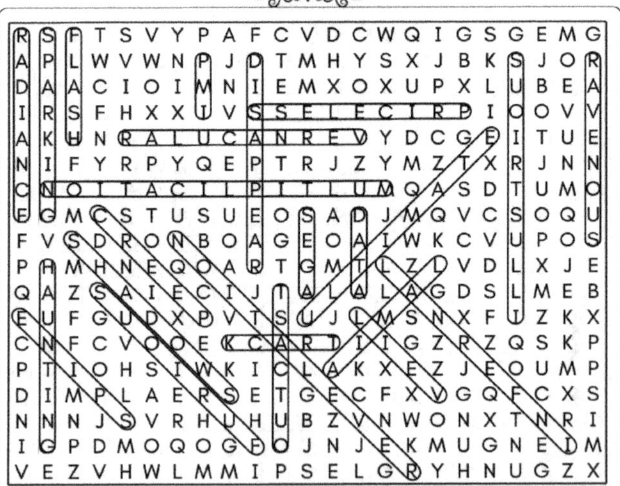

AGES	REVELATION	ULTIMATE
LAMIA	OUTCAST	SHADOWS
FLASH	MULTIPLICATION	VEIL
PRICELESS	DATA	DISAPPEAR
SPINE	CREEP	VERNACULAR
SPARKING	IMP	RAVENOUS
ILLUSTRIOUS	TRACK	RADIANCE
FURIOUS	INFERNAL	HAUNTING

Puzzle # 57

PURITY	DESPITE	BANSHEE
CAPTURE	RADIANT	MYTHS
KOLLOSS	NETS	HARROW
AWAKEN	DOVETAILED	GRAVEYARD
STOMP	LURK	SCORCHING
BITTEN	GLIMPSE	HUNGER
MEADOWS	CRACKLING	UNNERVE
WRATHFUL	IMMORTALITY	AURA

Puzzle # 58

WONDERFUL	NATURE	MERMAID
HUNGER	REALITY	LIGHTNING
MAGNITUDE	GORY	HUG
SURROUNDINGS	SUBTERRANEOUS	GOLEM
PURSUE	ORDINARY	FABLES
IMPOSING	SIEGE	GROWL
WONDERLAND	SUPERIOR	TITAN
PYRE	WISDOM	UNREAL

Puzzle # 59

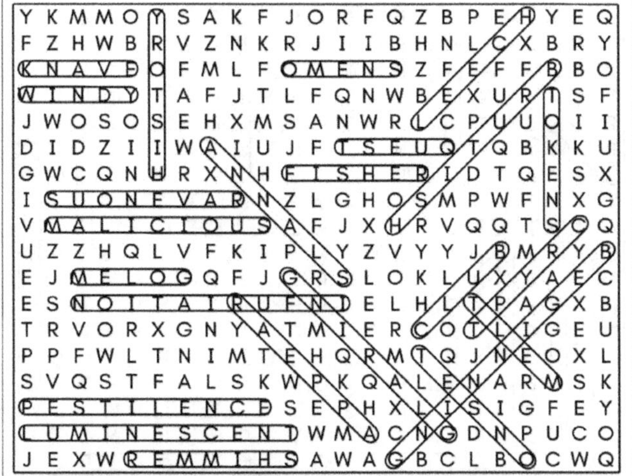

HISTORY	GLARING	FISHER
CRYPT	LUMINESCENT	INFURIATION
WINDY	MALICIOUS	PESTILENCE
BEGINNING	ANNALS	GOLEM
CLUB	QUEST	TOKENS
SHIMMER	RAVENOUS	LEECH
ONSET	APPEAR	OMENS
BRUTISH	KNAVE	MELT

Puzzle # 60

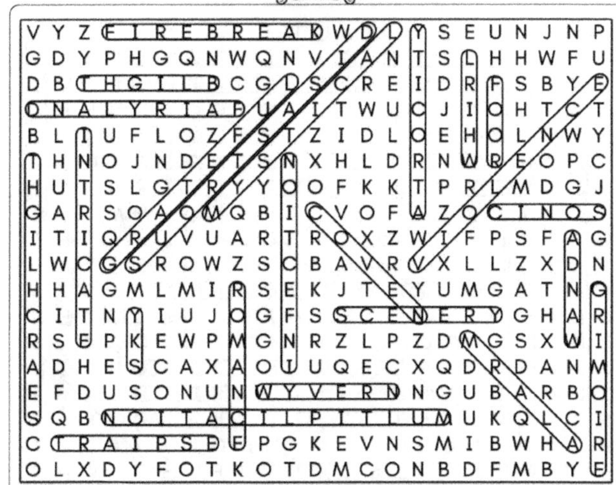

MYSTICAL	MULTIPLICATION	WANDA
SKY	SCENERY	ROMANCE
ROOF	GRIMOIRE	TRAIPSE
GRATEFUL	FIREBREAK	DISASTROUS
SEARCHLIGHT	FAIRYLAND	VIOLENCE
WHIRL	ATROCITY	WYVERN
SONIC	ALARM	INFECTION
COVEN	BLIGHT	INTRICATE

Puzzle # 61

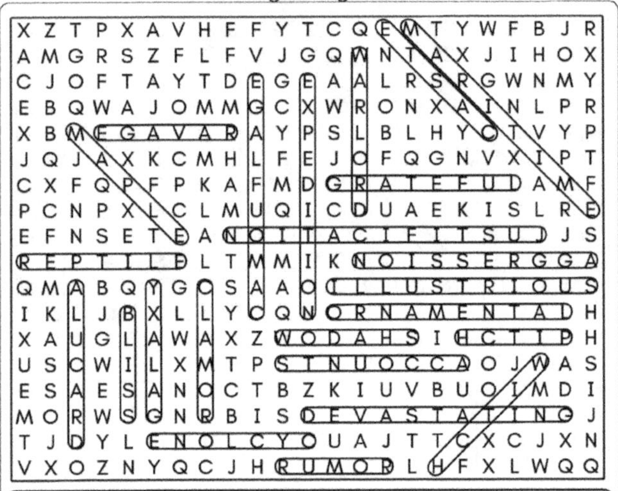

GRATEFUL	CLAMOR	WARLORD
MARITIME	DRACULA	ACCOUNTS
BLISS	REPTILE	WITCH
ORNAMENTAL	PITCH	CAMOUFLAGE
MAPLE	SHADOW	EXPEDITION
AGGRESSION	RAVAGE	JUSTIFICATION
ILLUSTRIOUS	RUMOR	GALAXY
DEVASTATING	CASTE	CYCLONE

Puzzle # 62

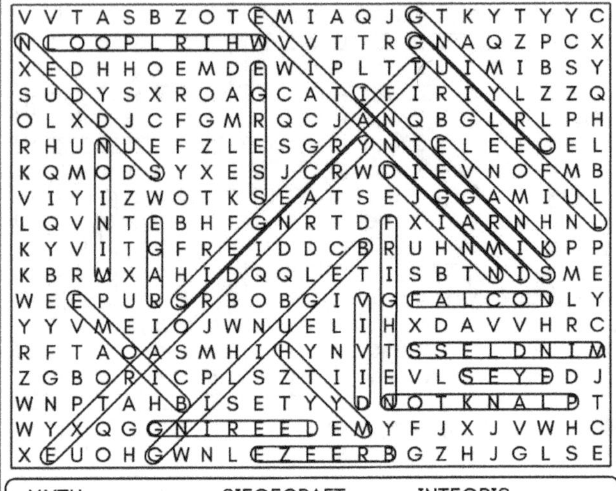

MYTH	SIEGECRAFT	INTEGRIS
WHIRLPOOL	VIVID	EGRESS
LEERING	FRIGHTEN	KNAVE
EXTRAORDINARY	GUILEFUL	BIOME
PLANKTON	BEGUILING	CRYING
FALCON	SUDDEN	RAGE
IMAGINATIVE	EYES	MINDLESS
DJINN	MINION	BREEZE

Puzzle # 63

EXTRAORDINARY	BLISS	HERCULEAN
BREATH	MARVEL	WALLS
OBSCURE	SEARCHLIGHT	WEREWOLF
MAGISTER	SHADOWS	SOPHIST
SAVAGE	RANSACK	BOUNDED
SHROUD	RUMBLING	HIDEAWAY
WOODS	WINTERSCAPE	BRIMSTONE
SOAR	IMMORTAL	GLAZE

Puzzle # 64

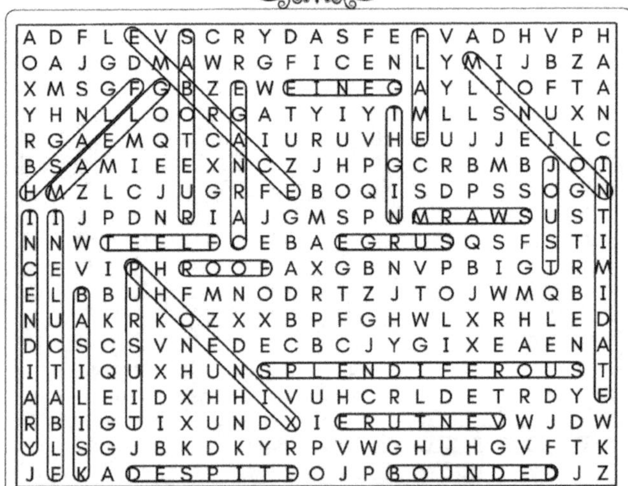

SPLENDIFEROUS	SURGE	SABOTEUR
GENIE	EMBRACE	VENTURE
FLEET	ROOF	PHOENIX
SWARM	GLEAM	INELUCTABLE
NIGHT	FLAME	PURSUIT
FLASH	DESPITE	BASILISK
MINION	INCENDIARY	JOUST
CARNAGE	INTIMIDATE	BOUNDED

Puzzle # 65

BEWITCHING	CONFINED	FORESTED
ORC	INFORMED	WAR
SWINDLE	FRAY	SHARK
WILLINGNESS	TRADITIONS	MORPHED
WINGED	SCAMP	PHANTASMAL
ARCHETYPE	CONTROLLED	WHIRLPOOL
KNOWLEDGE	GLARE	JOLTING
DEFIANCE	HARROW	INFLAME

Puzzle # 66

CREATURES	SMOKE	BASTION
FRAY	BITE	EMERGE
DISAPPEAR	STEALTH	SPOOK
VILLAIN	LEGENDRY	OBSCURE
BRAY	WOUND	SURMOUNT
HEAVEN	TEMPEST	TREMENDOUS
VEIL	FOOTSTEPS	DISGUISE
TRICK	OVERWHELMING	POTIONS

Puzzle # 67

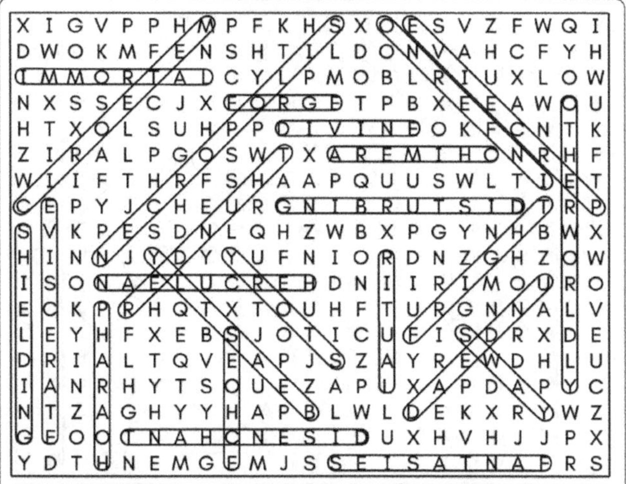

STORY	PERCEIVE	DIVINE
RITUAL	IMMORTAL	OTHERWORLDLY
EVISCERATE	NECROPOLIS	METEORIC
BEASTLY	DISTURBING	SWAY
HERCULEAN	UNDEAD	FRIGHT
ECHOES	FORGE	CHIMERA
FANTASIES	DISENCHANT	THUNDER
PHARAOH	INFERNO	SHIELDING

Puzzle # 68

MYTHICAL	COSMOS	OMENS
PILLAGE	GROUNDED	DOWRY
LION	RUNE	EXHALE
MAGICAL	SINISTER	EMBALM
WIZARD	HARASS	NOCTROPOLIS
SLEUTH	PYROMANCY	CINDER
HISTORY	ORATORY	MAPLE
CAULDRON	INFERNO	COILING

Puzzle # 69

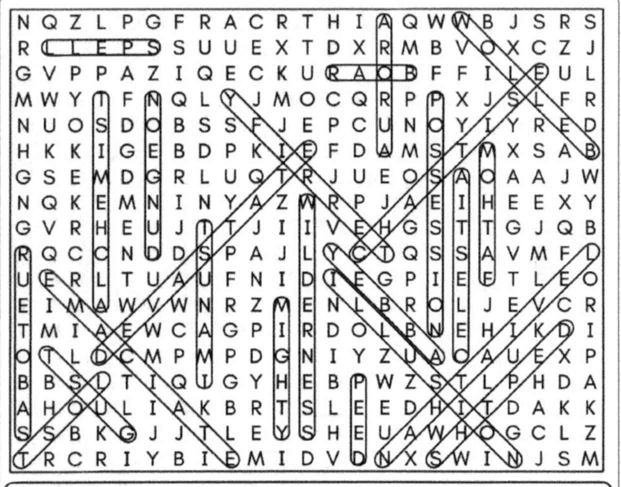

WILDERNESS	CELESTIA	CHASTISE
POSSESSION	DEVASTATE	TSUNAMI
ILLUSION	EMACIATE	FATHOM
MIGHTY	ALCHEMIST	SABOTEUR
BELLOW	BOAR	GUST
AURORA	ABBEY	SPELL
TERRIFY	DEPTHS	DUNGEON
DEEP	LEVIATHAN	LOST

Puzzle # 70

GUARDIANS	ALLEGORY	CORRUPT
STERN	PREDATOR	ESSENCE
AERIAL	QUESTS	ORC
GROTESQUE	DISTURBING	IMMOLATE
IMP	MAELSTROM	REMINISCE
DEPICTION	NIGHTMARE	SPOOK
HEXED	WARCRY	BLUDGEON
FLOOD	COAST	ERUPTION

Puzzle # 71

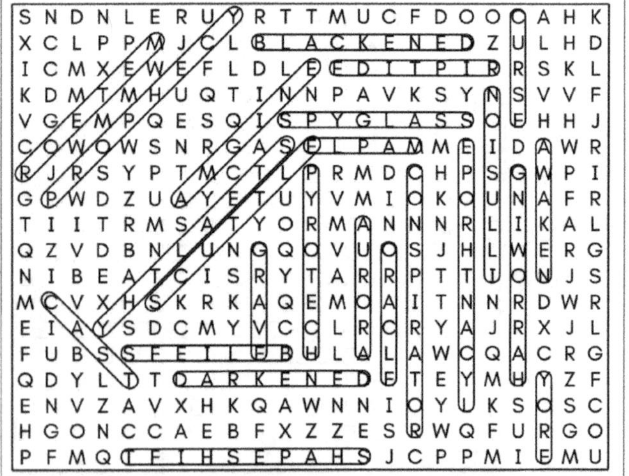

AWAKEN	METEOR	SPYGLASS
HARROWING	CURSE	BLACKENED
STEALTHY	ENIGMA	RIPTIDE
YORE	PYROTECH	ILLUSION
GRAVE	LYCANTHROPE	BELIEFS
AURORA	PROPHECY	ORACLE
SCUTTLE	DARKENED	CONSPIRATOR
MAPLE	SHAPESHIFT	CAST

Puzzle # 72

ELUSIVE	ANNOTATIONS	FORESTED
NOMADIC	GHOST	DOWRY
ILLUMINE	STRUCTURED	WRATHFUL
MEMORABLE	FLUORESCENT	BRILLIANCE
DRAG	HUNTED	PYRETIC
TALES	CRYSTAL	MASS
HELLISH	RELATE	RIDE
HORSEY	WEREWOLF	BOTTOMLESS

Puzzle # 73

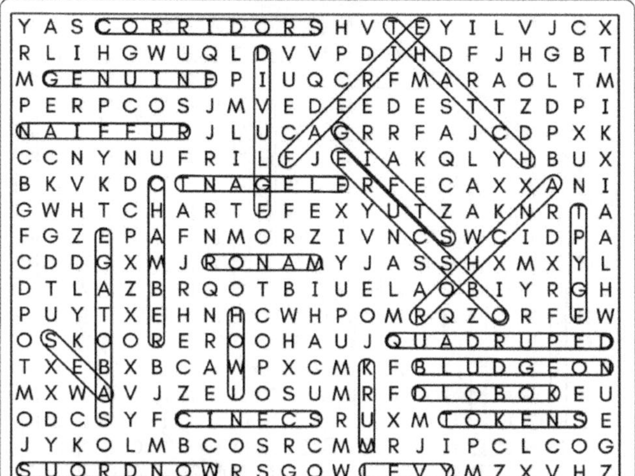

ELEGANT	BLUDGEON	MANOR
QUADRUPED	SCENIC	GIFTS
DIVULGE	LEVY	RUFFIAN
WONDROUS	CHAMBER	SABOTAGE
SEA	GENUINE	TOKENS
OBSCURE	THATCH	HOWL
FAERIE	CORRIDORS	EGYPT
ANCHOR	KOBOLD	MURK

Puzzle # 74

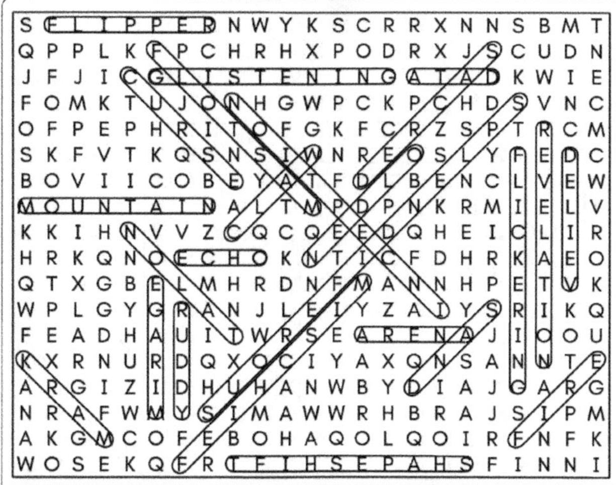

INCEPTION	ARENA	RUDDY
TALON	SACRED	DATA
CLAW	FLOTSAM	CURSE
OLDEN	FLICKERING	MARK
FIRE	GLISTENING	MIRAGE
SAND	ECHO	SHAPESHIFT
SPLENDIFEROUS	REVELATION	FLIPPER
MOUNTAIN	MISCHIEF	VEILED

Puzzle # 75

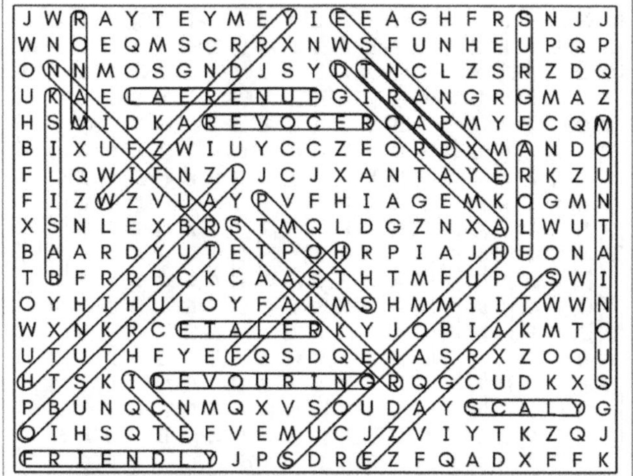

FLORA	LABYRINTH	SCALY
FUNEREAL	HUMONGOUS	RELATE
FLASH	MANOR	MOUNTAINOUS
RUFFIAN	STALKER	EXPANSE
FRIENDLY	STOMP	DEVOURING
SURGE	ICE	OBSTRUCT
RECOVER	WIZARDRY	STARGAZE
TRAP	BASILISK	DIORAMA

Puzzle # 76

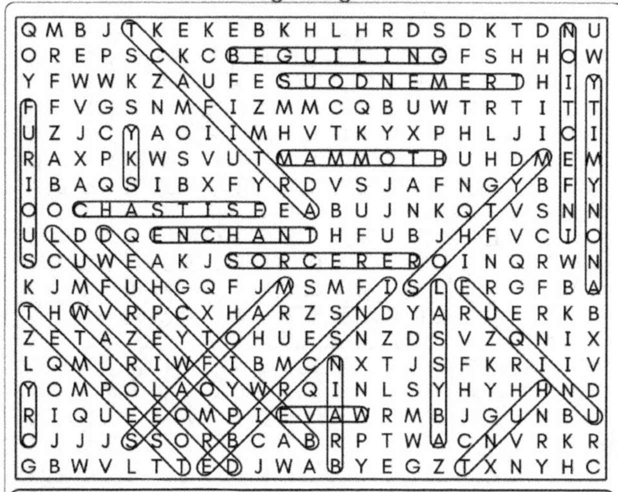

POWERFUL	TEMPEST	CHASTISE
ABYSSAL	ARTIFACT	ANONYMITY
FURIOUS	TREMENDOUS	SKY
ENCHANT	WARLORD	INFECTION
SEAFOAM	BEGUILING	MYTHOS
CRY	MAMMOTH	WAVE
UNIQUE	INSCRIBE	BRAIN
SORCERER	HUNT	BEWITCHED

Puzzle # 77

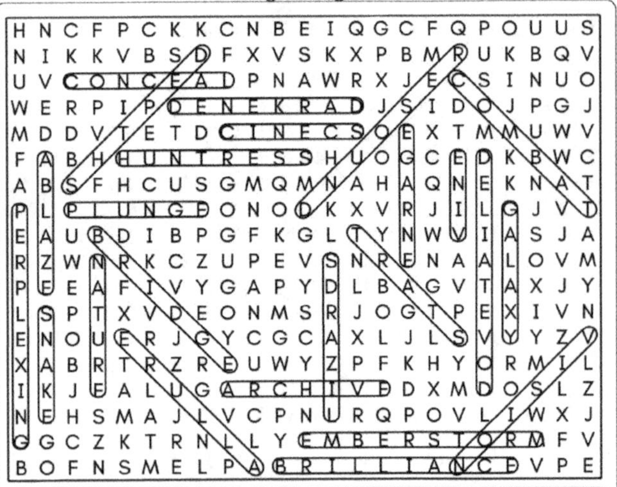

START	LIZARDS	GALAXY
SNAKE	HUNTRESS	DARKENED
RESOUND	COMBAT	BRIDGE
ALLURE	ABLAZE	BRILLIANCE
VINE	PLUNGE	DEPTHS
ARCHIVE	CONCEAL	DOVETAILED
SCENIC	VISION	ENRAGE
EMBERSTORM	NATURE	PERPLEXING

Puzzle # 78

BEAUTY	EYES	MANGLED
KRAKEN	MAGISTER	WAND
PRISON	UNNERVE	EVERGLOWING
EXISTENCE	STARE	MAN
MONSTROUS	QUAINTNESS	ANGER
TRACE	TITANS	SERPENT
CLASSIC	MANGLE	PROMPT
WITCH	LEGACY	SIGIL

Puzzle # 79

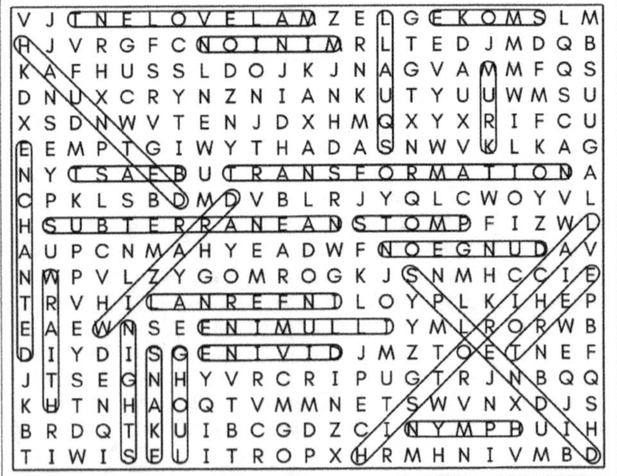

BEAST	HAUNTED	DIVINE
TRANSFORMATION	SPLENDID	NIGHTS
MALEVOLENT	WIZARD	MINION
ENCHANTED	ILLUMINE	SNAKE
STOMP	TREE	SQUALL
SUBTERRANEAN	WRAITH	INFERNAL
HISTORICAL	SMOKE	DUNGEON
NYMPH	GHOUL	MURK

Puzzle # 80

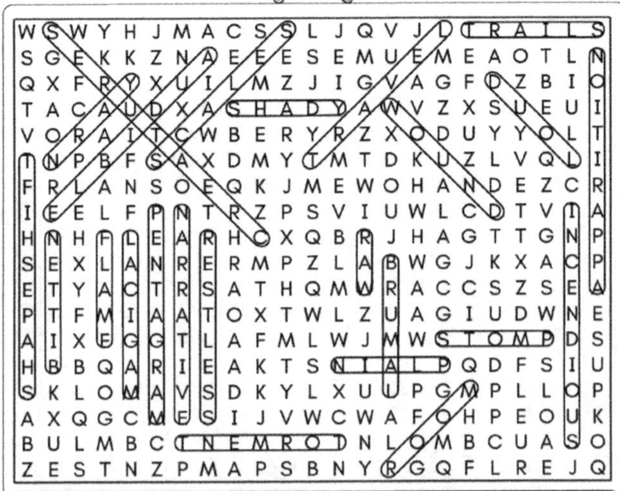

MAGICAL	TRAILS	PLAIN
STOMP	TORMENT	BRUMAL
LOUD	MOOR	WOUND
NARRATIVE	TRAVEL	SCALES
PENTAGRAM	APPARITION	WAR
YARN	BITTEN	FLAME
CREATURES	SHADY	AUDIBLE
RESTLESS	SHAPESHIFT	INCENDIOUS